मरीचि की डोरियाँ

रश्मि शुक्ला

Made with ♥ on the Notion Press Platform
www.notionpress.com

निष्ठा,

इस पुस्तक के प्रेमियों के लिए,

मुझे आशा है कि यह पुस्तक आपको जीवन के उन विभिन्न दृष्टिकोणों से रूबरू कराएगी जिन्हें मैंने विभिन्न अवसरों पर देखा है और जो आपको अपने और अपने आसपास के लोगों के दिमाग और दिल के मंथन की पूर्णत: अनुमति देता है।

मैं अपनी रचनाओं को अपने दिवंगत माता-पिता श्री चंद्रशेखर शुक्ला और श्रीमती कलावती शुक्ला को समर्पित करना चाहती हूँ जिन्होंने मेरे अनुभवों को शब्दों की डोरियों में बाँधना संभव बनाया। मैं अपने लेखन का श्रेय उन्हीं को देता हूँ।

आशा है कि आपको अलग-अलग रंगों में और विभिन्न प्रकार के रंगों से सुसज्जित भावनाएँ अपने साथ अलग-अलग मनःस्तिथी में वर्णित रोलर कोस्टर की तरह यह सवारी पसंद आएगी।

पर्याप्त समय लीजिए। ठीक से पढ़िए और समस्त अनुभव का आनंद लीजिए। !!

क्रम-सूची

क्रम-सूची

क्रम-सूची

प्रस्तावना

"यह पुस्तक - मेरा पहला एकल प्रकाशन, जीवन के विभिन्न रंगों के बारे में है जिसे मैंने कभी देखा, सुना या महसूस किया है। मेरे विचारों, वृतियाँ ,शैली और व्यक्तित्व के किनारों से दिन-रात लगातार लिखने के बाद, लोगों के सामने लाने के बारे में प्रत्यक्ष सोचा की इन रचनाओं को एक छत के नीचे लाया जाए।।

यहाँ आपको अलग-अलग जगहों पर लिखी गई छोटी और लंबी कविताओं की एक श्रृंखला, अलग-अलग मनःस्तिथी, व्यक्तिगत प्रतिफल और हार से नुकसान की स्थिति, कुछ जीत और जीवन में कई उतार-चढ़ाव देखने को मिलेंगे।

मैं केवल इतना कह सकती हूँ कि आप उदाहरणों के इस चित्रण को जितनी बार पढ़ेंगे, उतनी ही बार आप सही तरीक़े से समझ पाएंगे और ख़ुद से जोड़कर भी देख पाएँगे।

हाँ, यह मेरे और मेरी आभा के आस-पास की छोटी-छोटी चीज़ों के लिए एक तरह का साक्षात्कार का प्रतिबिंब होगा !!

इसे एक बार पढ़ें! और सोचकर देखें जरूर!!

पावती (स्वीकृति)

"जीवन में कुछ सीख आपकी अंतिम सांस तक बस आपके साथ रहती है और कुछ उदाहरण भी सुरक्षित होते हैं जो आपके जीवन को हमेशा के लिए बदल देते हैं।

इस अवसर पर मैं सबसे पहले अपने दिवंगत माता-पिता पं. श्री चंद्रशेखर शुक्ल और श्रीमती कलावती शुक्ल को धन्यवाद देती हूँ, जो मेरे जीवन के लिए गए हर गलत या सही निर्णय में मेरी ताकत के स्तंभ रहे हैं।

मैं अपने जीवनसाथी श्री राजीव चौबे की भी आमरण आभारी रहूँगी जिन्होंने हर हालात में हर सुख-दुःख में मेरा साथ दिया और निरंतर प्रोत्साहित भी किया।"

मैं अपने भाई-बहनों को भी धन्यवाद देना चाहूँगी जिन्होंने मुझे जीवन में आगे बढ़ने के लिए चुनौतियों को स्वीकार करने के लिए हमेशा प्रेरित किया, चाहे कुछ भी हो जाए, मैं हार नहीं सकती, यही साबित कराते रह गए !!

इन लोगों के साथ मैं अपने शिक्षकों, मेरे प्रशिक्षक और उन मुट्ठी भर लोगों के प्रति आभार व्यक्त करना चाहती हूँ जिन्होंने मुझे जीवन में असफल होने पर भी असफल नहीं होने दिया।

कुछ खास लोग जिनसे मैं मिली भी नहीं, रॉकस्ट्रांग होकर मेरे साथ खड़े रहे और मेरे मूर्खतापूर्ण फैसलों की आलोचना किए बिना मेरा मार्गदर्शन किया ।मैं उनकी बहुत आभारी हूँ।

लेकिन जैसा कि सभी कहते हैं, सभी बाधाओं के बावजूद, मेरी पहली एकल पुस्तक ने आकार लिया है और दिन के उजाले का दृश्य इसकी नियति बन गई।

मैं ख़ुद को धन्य समझती हूँ कि इस पुस्तक को जीवन में ऐसे अविश्वसनीय लोगों के दिए गए साथ द्वारा लिख पाई और आपके समक्ष ला पाई।

उम्मीद करती हूँ आपको पसंद आएगी।

लेखक के बारे में

रश्मि शुक्ला, जिनका जन्म भारत के स्टील सिटी जमशेदपुर में हुआ है। बाद में, उन्हें महाराष्ट्र के खूबसूरत शहरों में यात्रा करने के लिए लाया गया, वर्तमान में मुंबई में एक मानव संसाधन फ्रीलांसर पेशेवर है।

उन्हें रचनात्मकता और रचना के लिए एक उत्साही प्यार है। इन सबसे बढ़कर उन्हें अंग्रेजी और हिंदी साहित्य दोनों के लिए सबसे अधिक प्रशंसा है।

"बी यू" और जीवन को पूरी तरह से जीना ही उसका जीवन जीने का एकमात्र विश्वास है। अपने व्यवसाय को प्रबंधित करने के अलावा, वह यात्रा करना और उन जगहों की खोज करना पसंद करती है जो जो घूमी या देखी ना गई हो । लेकिन कविताओं और कहानियों दोनों की रचना के लिए उनका प्यार उनके दिल पर हावी हो जाता है। उनके यात्रा के अनुभव उनकी कुछ रचनाओं में रंगों के रूप में आत्मसात किया गया है।

भावनाओं और भावनाओं का वर्णन करने से उसे ख़ुद को आगे बढ़ने के लिए सबसे मजबूत किक मिलती है।

उन्होंने कई साल पहले लिखना शुरू किया था लेकिन कभी प्रकाशित लेखक बनने की कल्पना नहीं की थी। वर्तमान में, वह विभिन्न प्लेटफार्मों और ब्लॉगिंग साइटों पर लिख रही हैं। वह एक बहुत सक्रिय ब्लॉगर भी हैं जहाँ वह विभिन्न दृष्टिकोणों के साथ अपने विचार और विचार व्यक्त करती हैं।

जैसा कि, वे सभी कहते हैं कि नियति की कुछ और योजनाएँ हैं और यहाँ वह अपने लेखन और रचनाओं के साथ है।

भगवान की कृपा से, उसने अपनी इच्छाओं और सपनों को पूरा

करने की दिशा में अपनी यात्रा शुरू की।

1. पुरानी तस्वीर

"अपने धुंधले शून्य से जब उठाया मैनें सिर,
दिखी तब दीवार पर एक पुरानी तस्वीर,
सतरह बरस उसने उसी
हाल में लटके हुए बिताए थे,
मुझ में समय बितता दिखा!
दुबारा गौर से ताका जहाँ,
खींची थी जहाँ वह जगह
याद आई लगभग सही सही।

मगर वो कई ऐसे दिनों में यूँ ही
उलझा हुआ सा दिख रहा था,
अज़ब है ये वक़्त का व्यवहार अपने प्रमाणों से,
कि मैं जितना ही गुज़रती हूँ यहाँ कटते दिनों से,
तस्वीर उससे अधिक ही कुछ बीत जाती है।

कालचक्र का यह ब्याज है या दृष्टि का भ्रम?
कि ठहरी हुई स्मृतियाँ भी विगत में बीत जाती हैं।
बिसरे हुए क्षण का एक अनोखा आश्वासन है,
जिसे पकड़ा गया था और समेट लिया
गया था कभी किसी ने अनजाने में।

2. जिसने हमें ज़िंदगी दी है।

"ईश्वर की रचाई अपने जीवित झांकी की कृती,
सृष्टी को जन्म देने वाली ताक़त, साक्षात धात्री,
दूसरा कोई और नहीं, है ममत्व की पूर्ण सी छवि ,
निश्छल ममता की धार लुटाती स्त्री,जब माँ बनी।

जिसने हमें ज़िदंगी दी है, वो जीवनदायिनी ईश्वरी,
शिशु को जन्म देकर, स्वयं नया जन्म मैया पाती।
धरा पर न उंचाई, न आधार, न समय है सच्चा बंधु,
युगों से रहासत्य अटल सिर्फ प्रसू की ममता सच्ची।

रातभर ख़ुद जागकर हमें मीठी मीठी लोरी सुनाती,
संतान बिना स्वयं एक निवाला भी कभी न खाती।
सपनों में फूल,परियों के अलौकिक मार्गदर्शन कराती,
रेशमी दुशाला ओढ़ भी,आँचल की गर्माहट न मिलती।

सीमित स्त्रोत में भी पालन-पोषण में लाती न कमी,
दिन भर कर्तव्य निभाते न लिया कभी उसने इतिश्री।
तरक्की को ये प्रार्थना और सहयोग करती पहली गुरू,
संतान से बढ़कर कोई न दूजा खून बहांकर है सींचती।

जननी का दर्जा,कदमों में तीर्थ ,पूरी कायनात समाती,
कोख से जीवन शुरू कर्ज उसका संतान न चुका पाती।
व्यस्तता में अहमियत नहीं हम बच्चों को चाहिए भूलनी,
जीवन में सब मिले दूजा,तरसकर भी माँ न मिलती दूजी।

3. मज़दूर की व्यथा

ग़रीबी में जन्मा, दरिद्रता में जीवनयापन करता शख़्स,
दुःख भरे दल-दल में रोज ही धंसता जिसका अक्स।
भूख में जीता,रोटी की कीमत बचपन में ही भांप लिया,
पेट भरने की जद्दोजहद में निरंतर ही वो भटकता रहता।

हथेली काली, टपकती बूँदे हमेशा ही कपाल से टपटप,
शरीर पे कपड़े नहीं ,दिन भर पसीने में डूबा तन लथपथ।
डरा हुआ न जानता किस पुल के नीचे दबकर रह जाएगा,
इमारत से गिरने का भय, या कभी प्रदूषण से मर जाएगा।

दिन रात दो रोटी कमाने में हर मौसम में ही लहू बहाता,
क्षमता से ज्यादा परिश्रम कर,ग़रीब का चूल्हा जल पाता।
बच्चे को क्या खिलाऊँगा? ये सोचकर दिल बैठने लगता,
मज़दूरी ना मिले तो पेट कसके गमछी बांधकर सो जाता।

प्रताड़ना की पराकाष्ठा , घिनौने कुकृत्यों से जूझना पड़ता,
परिवार भूखा न सोये अपनी जान की परवाह न करता।
जागीरदारों के गिरफ़्त में बिकने को भी मजबूर हो जाता,
रोज कठिन परिश्रम से वो दिहाड़ी बन दो पैसे है जुटाता।

रईस की थाली से बर्बादी नहीं, बहुतों का पेट भर जाता,
भोजन कभी व्यर्थ ना जाए, जरूरत वो महसूस न करता।

सृष्टी के प्राकृतिक संसाधन पर सबका है अधिकार रहता,
ज़रूरत अनुसार गर खाते तो कोई मज़दूर भूखा न सोता।

4. दहेज प्रथा- ब्याह या व्यापार ?

कूप्रथाओं ने फन फैलाकर समाज का बदल डाला आचार,
कलयुग के इस पुरूष-प्रधान देश ने ना बदला अपना
विचार।
सती-प्रथा,जाती-प्रथा के बाद दहेज प्रथा का रहा अनुचित
प्रचार,
अमीर हो या गरीब हर तपके में बहू-बेटियों पे किया
अत्याचार।

जीवन-भर की पूंजी लुटाकर एक पिता करे बेटी का ब्याह,
सेहरा बांधे,सूट-बूट पहने आते लड़के वाले करने उसे तबाह।
हक तो ऐसे जताते हैं मानो लगे हों इनमें सुरख़ाब के
पाख,
तथ्य देकर की बेटे की पढ़ाई में लगाए हैं रुपए लाखों-
लाख।

जो ख़ुद कमा खाते नहीं, डकैती करते ये पढ़े- लिखे गंवार,
नाज़ों से पाला जिस परी को ताने मारे, करते हिम्मत पर
प्रहार।
बाप से मांगकर लाओ, मार-पीटकर करते लक्ष्मी को लहू-
लुहान,

दहेज न मिले तो बहू जलाने से नहीं कांपते हैं ये बेशर्म
प्रधान।

इन भिखारियों ने अनायास ही कर दिया इंसानियत का
व्यापार,
लालची घरों में कितनी बेटियों की ज़िंदगी, जिंदा ही गई
हार।
वहशी दरिंदों ने जला दिया तो कभी बेच दिया बनकर
मक्कार,
हैवानियत है ये, समाज कहे दहेज प्रथा- ब्याह या व्यापार?

ढ़ाक के तीन पात से कुरीति में नहीं होगा बदलाव या
सुधार,
समाज में घर-घर से निकलकर करना होगा दुष्टों का
संहार।
बहू-बेटियों को जरूरत से ज्यादा सहने का मत दो संस्कार,
दहेज विकृत कलुषित न करना,नहीं तो इंसान होने पर है
धिक्कार।

5. महावारी अभिशाप नहीं अभिमान है!!

संसार के सृजन में शर्म नहीं यह शक्ती का प्रतीक है,
रक्त के बूंद-बूंद से जीव संरचित, प्रमाण ये सटीक है।
पीड़ा से परिपूर्ण यह प्रतिमाह बहती हुई रक्त की धार,
एकमात्र जीवन प्रक्रिया जो बनाती जन्म का आधार।

इश्वर की रची अनुकृति मासिक बायोलॉजिकल चक्र,
नौ महीने तक गर्भ में भ्रूण पोसती नारी करती फ़क्र।
गलत धारणा से घिरी रक्त-रिसाव का प्राकृतिक संचालन,
सदियों से नारीशक्ति सह रही छुआछूत का यह प्रचलन।

किशोरअवस्था से है गुज़रती,माँ बनने को करती तैयार,
माहवारी नहीं तो छाती ठोक मर्द हूँ ,कैसे कहते वो यार।
समाज की रूढ़ीवादी सोच का है ये अजीब सा दृष्टिकोण,
सकारात्मक परिवर्तनों को बाधित करती है ठेढ़ी चौकोण।

रसोई प्रवेश निषेध,अचार मत छूना,मंदिर है नहीं जाना,
पालते मानते समझते औरत का थक गया जीवन माना।
क्या अब भी समझाना होगा प्रकृति का दिया वरदान है?
महावारी............अभिशाप नहीं.........अभिमान है।

समाज को इस अंधविश्वास के दायरों में रखना हार है,
बेधड़क महावारी पर चर्चा करना प्रधानों को अनिवार्य है।
जननांगो से रीसता ये प्रतिमाह नियमित सुदंर उपहार है,
आराम की आवश्यकता,रिसाव मासिक लाल त्योहार है।

6. समानता का भाव

हम जैसे, समाज में हजारों साल से विद्यमान रहे हैं,
रंग, लिंग,जाति ,लैंगिक प्रवृत्ति में सजग मान रहे हैं।
अलग दृष्टिकोण बनाया गया जिसे माना जाता रहा,
समानता का कानूनी भेदभाव समाज में फंसता रहा।

ध्यान देने वाली बात, हर बार सोचती क्यों ये होता रहा?
हर दफ़ा इन मुद्दाओं का मुद्दा वाकई क्यों न बनाया
गया?
जहाँ अलोकतांत्रिक हुकुमत नीतियों के खिलाफ़ संघर्षरत
रहा,
वहाँ समान महत्व सिद्धांत के मर्म में ही निहित रहता
गया।

सामाजिक समानता में मतदान, सुरक्षा,संपत्ती आधार ,
सभी का समावेश बंधता समान पर्याय में दिखे कतार।
कहीं न कहीं किसी न किसी को यही अस्वीकार्य रहता,
फिर क्यों पूछे समाज में समानता का भाव क्या रहता?

गौतम बुद्ध या डॉ.अमेड़कर दोनों ने सद्भाव किया प्रचार,
तभी जाकर दिखने लगी किन्हीं किन्हीं को बंसत बहार।
निरंकुश शासकों के गिरफ़्त से भी निकलकर छटपटाए,
स्वास्थ्य,आर्थिक,समान के अवसर समाज में दिये जाए।।

समानता से ही कानूनी भेदभाव को मिटाने की है जरूरत,
सद्बुद्धि ,समता, समरसता,समदृष्टि के आचरण से
संभव।
बदलाव बहुत ज़रूरी,समानता का ज्ञान प्रतिपादित हुआ,
असमानता को न बढ़ाए, उतना कम से कम कर जाए।

7. सब्र और शुक्र।

ज़िंदंगी में उतार चढ़ाव बाक़ी है अभी,
आज साथ है कल वो न मिलेगा कभी।

मालूम ओ है फिर भी रहे तमन्ना अधूरी,
इश्वर समय से ही करेगा इन सबको पूरी।

हौसला-ए-बुलंद में सब्र ही काम आता,
ये मेहर तो है रब की शुक्र किया जाता।

सब्र रखना ख़ुदा का है करना अमल,
शुक्र बेइंतहा अदा किया आज से कल।

सब्र का कवच पहने न काटे तलवार,
हुनर से ही प्रदर्शित होता स्वयं बघार।

नाशुक्री में न करना इमान कमजोर,
दिया जो रब ने उसे हबेखना पुरजोर।

कुजंन में तंग न कराना अपना हाथ,
कुदंन सा हो सब्र और शुक्र का साथ।

धैर्यवान बन जीवन की है ये फ़नकारी,
भूल जा दूसरों के संग करना मक्कारी।

सब्रशील सही मायने में है करता समर्पण,
शुक्रगुज़ार है ख़ुदा का जो दिखाता दर्पण।

रोज़मर्रा के आफ़तों से क्यों है इतना डरना,
जो होना है वो तो हो कर ही है बस रहना।

जब सब्र से काम न बने तो शुक्र अपनाना,
ज़िंदगी में ख़ुदा के बिना पात न हिलना।

8. जिजीविषा का ज़ज्बा।

"मेरे सीने में नहीं तो तेरे सीने में सही,
हो कहीं भी आग,लेकिन आग जलनी चाहिए।

ज़रूरी नहीं जो मैं सोचूँ वही हो सही,
अच्छी सोच से सबका मार्गदर्शन होना चाहिए।

फ़ायदे से हरसू हो फ़ायदा ऐसी सोचना नहीं,
इंसान होने का हक़ भी अदा कर देना चाहिए।

उम्र का पड़ाव तो पल-पल बढ़ रहा यहीं,
अधूरी से हानी हो, ज्ञान पूरा अर्जित करना चाहिए।

जहाँ से चले थे , एक दिन पहुँचेगे फिर वहीं,
जीवनधार सीधी नहीं,गोल घूमकर सही जीना चाहिए।

शोर मचाके, हल्ले से अफ़रातफरी मचाना नहीं,
पैने दांतो तले जिजीविषा का जज़्बा रखना चाहिए।

9. अन्नदाता की फ़रियाद।

"स्वयं भूखा रहकर जो दूसरों की भरता रहा भंडार,
जानते तो सभी हैं की कितना सहता रहा भ्रष्टाचार।
रैना बीत जाती है कभी पूरी नहीं कर पाता वो मुराद,
विडंबना यही की फांसी गले लगा, होता रहा बर्बाद।

दिन की दुपहली धूप में भी करता वो उपाय इजाद,
सुनो लोगों, उस जूझते हुए अन्नदाता की फ़रियाद।
आस रखे भी तो किस से, हिल गया है यह बुनियाद,
राजनीति के चक्कर में कम होती जा रही है तादाद।

मिट्टी की महक उसके बदन के पसीने से मिल जाती,
लोगों के झूठ के साथ मौसम भी क्यों धोखा दे जाती।
कभी बाढ़ डुबाती फसल कभी सूखे की मार झेलती,
तिनका तिनका बिखेर ही देती एक फ़ौलादी की खेती।

ईश्वर सब्र कूट-कूटकर दे , फिर भी भर न पा रहा कर्ज,
किसान बेचारा, समझकर भी ठीक न कर पा रहा मर्ज़।
तक़दीर को कोसता आखिर क्यों ये ग़रीबी में मुझे जन्म,
गर चला गया तो कौन रखेगा मेरे परिवार का सदा करम।

जागीरदारों कभी सोचा! मर गया तो तेरी भूख भी मरेगी,
मैं ज़मीन को ना सिंचूँ तो धरती की हरियाली संग जलेगी।
सिर्फ अपना भूख न लोगों, मेरा भी कुछ सुधार तो सोचो,
हर क्षेत्र में उन्नती हुई ,खेत खलिहानी को न पीछे छोड़ो।।

मैं किसान अन्नदाता तुम्हारा ,करता तुमसे यही फ़रियाद,
जीतनी भूख उतना खाओ भरे सबका ,देता आशिर्वाद।।

10. अकेली जिदंगी।

"सफ़र-ए-ज़िंदगी में है बहुत धूप होती,चलत रहो तपकर,
महफ़िल है भीड़ में भी स्वयं की राह बनाना होकर तत्पर।
छोटी सी है पर बेरुखी दिखाती है यही अकेली जिदंगी,
रूठो मत , कभी तो गले से लगा कर जीते हैं तेरी बंदगी।।

सुदूर दिखती मंजिल, कदम बढ़ाना जबरदस्त टटोलकर,
यारों का काफ़िला भी कर देगा अकेला ,तन्हा छोड़कर।
रंग बदलने में उस्ताद ज़िंदगी मानेगी रंग ये बदलवाकर,
मंज़िल कसौटी तक पहुंचाती है जरूर बेगाना बनाकर।।

चल पड़े जो राह में, बड़ा लंबा सफ़र पड़ेगा तय करना,
साथ न भी मिला तो अकेले चलने का ही तय कर लेना।
राह में साथ नहीं मिलेगा तो अकेले चल सको तो चलो,
सफ़र तय करते हुए , यार कुछ मीठे लम्हें जरूर बुनना।

ये कभी न समझना तू ही अकेले सिर्फ ऐसे है जी रहा ,
कई हैं इस राह से ऐसे गुज़रते , बाकी इन्हें पहचानना।
यही है ज़िन्दगी कुछ ख़्वाब चन्द उम्मीदें, अकेले चलना,
इन्हीं खिलौनों से तुम भी दिल को कभी कभार बहलाना।

11. मेरे गाँव की महिमा

"सांझ होते ही जहाँ चौक-चौक पर तत्पर लग जाती थी चौपालें,
मसला फरियाने निकल पड़ते थे लोग, लिए हाथों में मशालें।
चाहे हो किसी की,समस्याओं का हल मिलजुल कर निकालते।
गाँव की गलियों से तरह- तरह के सुखी अनुभवों से हम गुज़रते।

मेरे 'गांव' की महिमा का बखान करूँ तो बता करूँ कैसे,
'प्रतिबिंब' संजोया ये बचपन से आज तक है वैसे के वैसे।
वो अमिया की डारी पर झूलकर हुडदंग मचाते हम बच्चे,
जहाँ मन में न थी कोई छल-कपट, दिल से सभी थे सच्चे।

कैसे बखान करूँ सौंधी उस मिट्टी का , शब्द कम हैं पड़ते,
मिट्टी से सने हुए पांव से ही गुल्ली-डंडा में बाज़ी मार लेते।
सबसे ऊँची 'दरख़्त' से गोधुली का अद्भुत नज़ारा देखते,
खेतों की मेढ़ पर दोस्तों संग कतारें शैतानी किया करते।।

लोग गले लगाकर मिलते सबसे ,खुशी के मारे फूल गए।
शहर में जाकर यही प्यार, लगाव अपने गाँव को भूल गए।
पैसे कमाने की होड़ में 'वक्त' के चक्रव्यूह में उलझते गए,
डेडलाइन पूरा करने के चक्कर में वक्त को निगलते गए।

तरक्की वाकई किए मग़र संस्कार खोते गए फिज़ूल में,
न घर के रहे न घाट के विकास करने के उल- जुलूल में,
चाहे किसी भी कोने में चले जाते हम अमरीका या रंगून,
ज़मीन में ही आत्मा विलिन हो ,दूजा कहीं न मिले सुकूँ।।

12. दौलत का नशा।

अहमियत जरूर है ,पर क्या दौलत ही सब कुछ था मेरा,
शख्सियत जरूर है, पर क्या ये ऐश्वर्य ही मकसद था
मेरा?
रिश्तें जरूर है ,पर क्या इसमें मिलावट करना ही उद्देश्य
रहा,
याराना न बचा ,पर क्या दोस्ती में सिर्फ बनावट ही ध्येय
रहा।

तहज़ीब तो हद पार कर गई जब अपनों संग बेअदब होता
जा हा,
कहीं जरूरत से ज्यादा तो पैसे नहीं कमाने में व्यस्त होता
जा रहा।
दौलत का नशा चढ़ गया की बुज़ुर्गों के आगे सिर तक
नहीं झुका पा रहा,
आलम ने किया ऐसा बेखबर, कहीं इस दौलत को मैं नहीं
पचा पा रहा।

तमाशबीन का सुरूर ऐसा हावी हुआ की सही- गलत में न
फ़र्क हो रहा,
नशे के गुरूर में अपने हीत-मित्र को तुच्छ समझ कर वहाँ
न ज़िक्र हो रहा।
दूर से ही लोग कर रहें हैं दुआ-सलाम, शायद दिल से

इज़्ज़त मैं गंवा रहा,
सब जानता-समझता हूँ न जानें क्यों फिर सारे मुफ़लिसी
में नजरें चुरा रहा।

महफ़िल में नहीं बुला रहें भरी जवानी में ही दौलत के नशे
में चूर हो रहा,
लगता है सब नज़रअंदाज कर रहे, कतरा रहें हैं, मनसोहखी
में मशहूर हो रहा।
एक-एक कर सारों से दूर हुआ, अब सुर छेड़ मन को
ढ़ाढ़स -सहूर बंधा रहा,
हालातों में समझने लगा दौलत ही मेरा सब कुछ है तो
बेशक कसूर हो रहा।

समा ऐसा धुधंला गया की इस दौलत की ढ़ेर पर अकेला
खड़ा हूँ दिख रहा,
परिजन छूटते जा रहे मैं पागल सा प्रतीत होता भीड़ से
अलग हो रहा ।
बेबस, अकेला, परेशान कर रहा है ये वक्त अब स्वयं को
नहीं समझा पा रहा ,
अब नहीं सम्भाल पा रहा खुद को ,मैं दौलत के दलदल में
धंसता जा रहा।

13. आँखो का पैमाना

"हुज़ूर, ये है आँखो का पैमाना और उसमें है डूबकर जाना।
गहराई इसमें है कितनी वो तो किसी ने कभी भी न
जाना।।"

"कभी लगता है लहराता समंदर तो कभी लगे बहता
दरिया।
समाए नहीं कायनात में, जब ग़म व्यक्त करने का बने
ज़रिया।।"

"क्या कहने इस पैमाने के,फक़्त मय नहीं, यही है
मयखाना।
आशिकों के शाम-ए-तन्हाई में दर्द बांटने का बनता
ठिकाना।।"

"निगाहें चार जब होती यार से खुशियों से भर जाता
पैमाना।
वही यार जब दर्द-ओ-गम से सराबोर करे आँसुओं से
भीगना।।"

"पलछिन हंसी हो जाती हो जब रूहानी बनाए समा सुहाना।
पलकों पर सजे जब यही दो पल सुकूँ मयस्सर हो जाना।।"

"कुटुंब के जन्म-मरण में भी छोड़ देता है ये अस्तित्व अपना।
खुशी या ग़म बिन लफ़्ज़ों के ही लगे प्राकाम्य साबित करना।।

कि--इस पैमाने का कोई स्पष्टीकरण कर न पाएगी "सैयाही,
आग के दरिया सा लगे यह साक़ी, ये तन्हाई का साथी है ना!!"

14. आवारा सपने

"कल रात नींद की गहराइयों में डूबकर,
कितने सपने आँखो पे सितारा सा छाए थे।
बस में न मैं थी,ना ही मेरे वो जज़्बात,
जो सपनों के संग हुए आवारा सा लहराए थे।।"

"जीवन की घड़ियों में ख़्वाहिशों से
रूबरू होकर, वो सपने नींद ही तो चुराने आए थे।
अपना भेष वो रोज ही बदलकर आते
और मस्ती में ही हर लम्हा वो यारा पसराए थे।।"

"इब्तिदा जो हुआ था हमारे रिश्ते का
बेधड़क, ज़रा जुंबिश माहौल संवारने आए थे।
किसी ने भी न कुछ कहा न ही कुछ
सुना बस निगाहों में नमी बनकर घंटो मुस्कुराए थे।।

"महक उठती हैं वो रातें जिन सपनों में
तुम दूर रहकर भी इर्द-गिर्द, रास रचाने आए थे।
मेरी जुल्फों तले ही सुस्ताने बैठे और
हौले से उंगलियाँ फिराकर हवा बन सरसराए थे।।

"बहक जाता अंतर्मन यूँ मोहब्बत से
लबरेज एहसास महसूसकर, स्पर्श भिगोने आए थे।
क्या दिन क्या रात कहूँ, जब भी सपनों में
आए तो लबों पे लब सजाकर थरथराए थे।।

"कि-अह-दे-वफ़ा में अब क्या बखान
करें इस आवारा सपने की ख़ूबसूरती "सैयाही",
सपनो में जो सपने पूरे होते हैं, वो आज
तो खुश करते हैं पर कल बेवजह टकराए थे।।"

15. बाल श्रम

" क्या रही होगी किसी अभिभावक की मजबूरी,
मजबूरी कहे या जिनकी दरिद्रता बढ रही है पूरी।"
"बाल -श्रम है एक अपराध, अभिशाप और शोषण सारी,
खिलौने खेलने की उम्र में नन्हें हाथ कालिख लगे धूरी। "

"एक शोषण जिससे दुनिया ग्रस्त है, अभिवाहक पस्त है,
सचेत रहकर कम हो पायेगा उपाय जहाँ बचपन त्रस्त है।
उत्पीड़न झेलते हुए बिताए जा रहें ये उम्र समस्त,
आखिर इसमें इनकी गलती क्या जो झेलते कष्ट।"

"कृषि,कारखाना, खेत या खलिहान, देखों कहीं ये बिलख
रहें,
शायद ही कोई जगह है जहाँ ,टूट-टूट कर न बिखर रहे,
कब तक मूक -बधीर बनकर हम यूहीं बुत बन देखते रहें ,
क्या वाकई इनके समक्ष आवाज़ उठाना का वक़्त आया
नहीं!

" आपका नहीं,किसी और तो कब तक करेंगे नजरअंदाज,
किलकारी गूंजती हुई आंगन जाकर दूर खड़ी है बदहवास,
कि - बचाना होगा हर एक बचपन,जो शोषण का है
शिकार,
जनजागरण और जागरुकता से ही संभव बचपन का

निखार ।।"

16. रिश्तों का मायाजाल

कभी उलझा तो कभी लगे सुलझा, यह रिश्तों का मायाजाल,

अपने परायों के परख से ----पग-पग बढ़ते रहना है ज़रा संभल।

अपना मतलब सर्वोपरि हुआ तो ,दूजों का ही करते हैं बुरा हाल,

बात अपनी पर जब बन आए तो ---कहाँ दूसरों का होता ख़्याल।।"

रिश्तों का यह ताना-बाना कभी लगे वरदान तो कभी लगे जंजाल,

इनका जवाब ढूंढते-ढूंढते हम तो खुद ही हो जाते हैं एक सवाल।

सारे जतन के बाद भी वो गर रहतें है नाराज़,तो क्यों करें मलाल,

संतुलन और धैर्य रख के ही बना पाएगें हम सारे बिगड़े हुए काम।।

रिश्ते-नातों के इस पेचीदा डोर को संभालते हुए हो जाते हैं बेहाल,

कभी- कभी तो जुड़ना ही रहता है बस देखकर हैसियत,रुपया-माल।

गर उनसे मतलब न साधे तो---- बदल लेते हैं वो तुरंत
अपनी चाल,
अब क्या ही कहें, शुभचिंतक होने का दावा कर दिखाते हैं
कमाल।।

रिश्ते रईस हुए तो स्थापित करते हैं जीवन में ढेरों खुशियों
की बहार,
भले ही कभी तपिश मिले ,पर रिश्तों को छाँव भी देते हैं
वहीं यार।
कभी बाजार में खड़ा कर दें,कभी ख़ुद ही बन जाते हैं मोल
"रश्मि",
कभी फंदा लगाने वाले इस जाल को सुलझा,यही हैं जीवन
का सार।।

17. कोई तो ठौर मिले।

देखो---जिदंगी के किनारों से आज फिर चल पड़े हैं करने
स्वयं की तलाश,
गर्द-ए-सफ़र भी उठ-उठकर पूछ रही हैं क्या बन पाएगा
कभी तू सजग पाश।"

"ध्यान हो रहा विगलित, मन भी व्याकुल -क्यों यूँ चलता
जा रहा होकर हताश,
चेतना पर सर्वस्व रख ,फ़क़त आश्वासन से नहीं कर्मठता
से पार पाएगा कैलाश।"

"पीछे छोड़ता चल सारी आशंकाए, तभी तो धुंधलित होगा
--आडम्बर का दौर,
स्वयं तू है स्वयं का मार्गदर्शन रचेता ,परख हर चाल ---
और कर एकाग्रचित गौर।।

"अस्थिर वेगस भी कसमसायी देख हालत तेरी, परिस्थिति
पाखंडी हुआ सिरमौर,
ज्ञात हुआ तो विलीन होते चलें अब ,ईश के शरण में ही
कोई तो मिलेगा ही ठौर।।"

"समेट अपने अंतर्मन को--- -बहुतेरे आँसू बहाने से कभी न
मिल पाएगी पहचान,
कई दफ़ा सालों एक छत के नीचे साथ रह कर भी रह
जाते हैं साथी से अंजान।।"

कि--गर गुरू से नहीं,तो ईश के सानिध्य में फलता हुआ
कोई तो ठौर मिले,"रश्मि",
अंतर्चक्षु से प्राप्त वो होगा ,---प्रारब्ध का लिखा भी पलट
पाएगा कर लेना गौर।।"

18. मोमबत्ती सी यादें।

"दिल के झरोखे से झांक रही कुछ बातें पुरानी।
झलका रही कुछ कही-अनकही यादें पहचानी।।
शाम-ए-तन्हाई में चले जाती हूँ माज़ी की ओर,
कि-आज भी आँखे नम होती देख वो निशानी।।"

"याद हैं वो पल, जब यारा से छुपकर थी मिलती।
घर पर सहेलियों का बहाना कर दिन बिताती।।
कॉलेज कैन्टीन में चाय की चुस्कियों का बहाना,
वहाँ अक्सर उसे ,मुझे निहारने होता था आना।।"

"ज़मीनी हकीक़त सुदूर धुन में फिरते बन दिवाने।
मस्तमौला बन जीते थे ,गाते थे हम प्रेम के तराने।
कि-नहीं था मालूम जिदंगी मुक़म्मल होगी या नहीं।
पर खुशियों से भरा अच्छा वक़्त बिताया हमने।।"

"पहले प्यार की कसक भुलाए ही नहीं भूलती।
मोमबत्ती सी यादें आफ़ताब हो रौशनी दे जाती।।
कि-यादों के हंस खुले आसमान में उड़ना चाहते,
अंधेरे में जलती लौ उन स्मृतियों को हवा दे जाती।।"

19. शिक्षा की सौदागरी

सुनो--- आओ सुनाती हूँ तुम्हें एक नये ज़माने की विचित्र
कहानी।
जहाँ तरक्की करने के नाम पर बच्चों की दे दी जाती है
कुर्बानी।।
ज्यादातर अभिभावकों की किंचित हो गयी है मानसिकता
बेमानी।
"मेरा नाम करेगा रौशन" गा-गाकर मचा दी है जिदंगी में
कारिस्तानी।।

चलो मैं जो शिक्षा ही लिखने बैठी हूँ तभी कलम को थी
कस्मसानी।
अंतर्मन को झकझोरने वाली सोच प्रकट समक्ष हो रही
आत्मग्लानि।।
वाकई इस विषय पर चर्चा करके क्या होनेवाली है कोई
निगरानी।
"शिक्षा की सौदागरी" पर बात चली तो निश्चित ही था
आग लगनी।।

बात नर्सरी की हो या पीजी की ,व्यापार करके बनी ये ही
सच्चाई।
बस्ते का बोझ ढ़ोते-ढ़ोते घुट रही है आज वो हर मासूम

लरिकाई ।।
शिक्षा की सौदागरी शुरू तो मंहगी हुई फीस, किताबें
,मंहगी हुई पढ़ाई।।
जितनी ही मंहगी स्कूल, युनिफौर्म उससे भी ज्यादा
किताबों कि प्रभुताई।
मन आहत हो जाता है इस परिस्थिति को झेलते देख
फ़िजूल यूँही जानकर।
आख़िर पहले मैंने क्यों नहीं कलम चलाई इस अत्यंत
गंभीर विषय पर।।
कर्ज़ उठा-उठाकर अभिभावक फीस चुका पाता हर जगह
EMI भरकर ।
पूरा महिना यही सोचने में बिताता गर फीस जुगाड़ न
हुआ तो क्या करेगा रो-रोकर।।

फीस तो चलो मर-जीकर जुगाड कर भी लिया वह परेशान
होकर।
नज़र घुमा कर देख यह दुकान की शोभा बढ़ाते हर गली-
कूचे में रहकर।।
सिर्फ यहीं मिलेगें युनिफौर्म, स्कूल की सामग्री जूते,सामान
नोटिस लगाकर।
बोलने से बाज़ नहीं ,सारा कुछ यहीँ खरीदना होगा 4 गुना
अग्रिम दाम देकर।।
निराशा तो और बढ़ जाती जब आती कॉलेज और हाईर
एजुकेशन के फीस चुकाने की बारी।
मेनेजमेंट कोटा में सीट खरीदना , पैसा स्वयं ही देकर
पड़ता है सबपर भारी।।
भविष्य कि सर्वांगीण अक्षरता बार बार कसौटी पर उतारती

गई है सारी।
सीखने की गुणवत्ता पर ध्यान नहीं सिर्फ टॉपर बनने पर
लगाई है जा रही ।।
जो न हो पा रहे सफल फिर बहुतों के घर के चिराग भी
बुझाते जा रही है अगुवाई।
माँ तो अपने गहने बेचने को पोटली सामनेकर तैयार
चलती ममता से अकुताई।।
बड़ा आदमी बनने का सपना इतना भारी हो जाता है
देखना , खुले आम डकैती की जा रही।
इंजीनियर डॉक्टर नहीं बने तो मानो समाज में जीने का
अवसर जैसे छिन गया वो बिताई।।
शिक्षा का अधिकार है देश का हर बच्चे को मिले यही
सरकार का है सुदृढ नारा।
विद्यालय की गिरती छज्जा और पढ़ाई की गिरती गुणवत्ता
से हर अभिभावक हारा।।
जिदंगी भर की खून पसीने की कमाई जमा पूंजी रिक्त हो
जाता है उनका सारा।
आखिर बच्चे को कामयाब देखने के खातिर अंधा कुंआ
स्वयं ही खोदता जा रहा।
सरकार ने भी तो निजीकरण के नाम मानो डाल दिया हो
कोई गले का फंदा।
अफ़रात रईसों की हालत हो जाती आखिर एक गरीब पिता
जाए तो जाये कहाँ लेकर झंडा।।
इस सौदागरी में एक- एक सीट की खातिर लुट जाता है
लाखों करोड़ो का धंधा।
विडंबना यह की हर अभिभावक का हालात वाकई में
चलता रहता है बेकार ही मंदा।।

बाजार-ए-शिक्षा में हर अभिभावक बस लुटता जा रहा,बच्चे
थोड़े ही समझते हैं उसे बेचारा।
चाहे जो हो कानून, सरकार को ही बाहर निकलाना होगा
इस चक्रव्यूह से तांडव सारा।।
एक उपयुक्त फुलप्रूफ प्लान बनाकर नये सड़क पर लेकर
हमें होगा चलना तो जीते ज़माना।
पैसों रूपयों के घर में झाड़ नहीं होते ये समझकर एक
दूसरे को सुधार हेतु सहयोग करना होगा।।

शिक्षा पाने से अतिरिक्त पुण्य कार्य कोई होता ही नहीं ये
सभी को समझाकर,स्थिति को बदलना होगा,
रुपये पैसों को दबाव में आकर हासिल की हुई शिक्षा खाली
भविष्य को तबाह करेगा।
अभिवाहको को भी अपने बच्चों से चाँद -तारे तोड़ लाने की
होड़ से अलग रास्ता बनाना होगा।
सिर्फ बड़ा सैलरी पैकेज पाने की लालच में पहले ही दबाब
में जी रहे माता-पिता को बख़्शना होगा।
काश!ऐसे देश का निर्माण हम जल्दी कर पाते जहाँ अंक
लाने के बजाय,हुनरर सीखने में रहते ललायाक।
हर बच्चा चाहे वो गरीब घर से हो या सामर्थवान,अपना
समय कला या गुण सीखने में बनाता सार्थक। ।
सौदागरी का रवैया छोड़कर सही मायने में जीवन शिक्षा
कैसे प्राप्त हो ,सब उसके बनते समक्षक।
एक जिंदंगी मिली है प्यारे! शिक्षा प्राप्त करना है अत्यंत
जरूरी, पर हार मिले तो भी जीए सकारात्मक।।

20. स्त्री का अस्तित्व

"कभी अधूरी तो कभी पूरी ,कभी अर्ध कभी सम्पूर्ण,यही
स्त्री का अस्तित्व,

न मानो गुलाब न ही कोई नदी,मैं अविरल जीती जागती
मूरत एक हूँ व्यक्तित्त्व।।

मत देखो जैसे कोई चाँद न ही आफताब कोई, न करना
कभी तुलना किसी रूप,

सुंदरता, सुशीलता, मधुरता का फक़त विशेषण नहीं,रहने दो
यूँ ही सर्व एकत्व।।

नहीं हूँ आदमी की वासना का पोषण, नहीं प्रयाय कोई रंग
और रूप का ध्यान,

न लक्ष्मी मैं तेरे आँगन की और न नाज़ुक नन्ही टहनी सी
हूँ ,मैं दूजी यही जुड़त्व।।

नहीं नैन नटखट मेरे,न जरा भी सुंदर केश मेरे, कोई घर
घटा का जीवन नहीं,

न ये मेरे अधर पंखुड़ी से नहीं उरोज मेरे कोई पर्वत
से,चाहूँ स्वयं का दायित्व।।

मत खोजना हर दफ़ा वृक्षों सी छाया मेरे आँचल में ,न
मेरी बाहें लता सी सौम्य,

न कोख में कुछ भी बैकुंठी, न घुंघरू के छन-छन कोई
संगीत,रखूँ दिव्यक्तितव।।

न ही कंगन की खन-खन में दिखे प्रीत नहीं कहलाना चाहूँ
देवी ,होती मुझसे गलती,

हूँ बड़ी ही तुच्छ सी मत बनाओ मुझे पूजनीय, साधारण
सर्वप्रथम रहूँ प्राणित्व।।
मोल नहीं लगाना मेरा हर बार, इन सबसे परे समझ
अपनी छाया रखना चाहूँ,
मोल मत लो संकट मेरे लिए मैं खुद कि सुरक्षा करना
जानती हूँ,यही मूल तत्व।।
नारिवादिता का मत दो विमोचन न दया आपकी, एहसान
की जरूरत ही नहीं,
अपना भार मैं स्वयं ,आदि से अनादि तक प्रारंभ से लेकर
अंत यही है स्त्री का अस्तित्व।।

21. |छायावादी काव्य| |शीर्षक:- चलन

लिखी तो गई नहीं कहीं, बस सुनते ही आए हैं
ज़माने के चलन हमने ज़माने से ही निभाए हैं।
सोच का दायरा उत्पति के भाव से सृजन हुआ,
कभी की बहस कभी हृदयतल से क्रंदन हुआ।

यथार्थ जीवन में मिलता धूप-छांव एक खेल है,
पुरातन से नवयुग का जो नवागत होता मेल है।
भागते रहो दुनिया के साथ वक़्त का है तकाजा,
संस्कार की नीव हिल न पाए रखो बंद दरवाजा।

फँसे हुए तो सभी बीच भंवर में उलझने है विकट,
विषम परिस्थितियों के बावजूद हरना होगा संकट।
हौसला देने को पड़ोसी नहीं ,ख़ुद को बनाना सेना,
चिंता और व्याकुलता से समाधान किसी को न देना।

अथाह शक्ति भरी तुझ में ज़िंदा होने की पहचान है,
राय तो सबने दी मगर छोटे छोटे प्रयास से प्राण है।
क्षणभंगुर से इस जीवनकाल में देखे मार्ग विकीर्ण,
जब डर,भय,जीत,पराजय हर भाव होते हैं संकीर्ण।

मर्मता रहे बची तो सब चलन अपनी ओर है खींचता ,
मंज़िल तक रेंगना ना हो कभी दिशा रहता है बदलता।
परिस्थिति अनुकूल होने तक करते रहे हैं सोच-विचार,
प्रत्यक्ष करें दो टूक बात तो निसंदेह तय होगा आचार।।

22. जिद्द

"कितना कुछ घुट जाता मन के भीतर ही,
अब सारा कुछ बाहर लाने की जिद्द है।।?

"कितना कुछ बह जाता ख़ुश होने के पहले ही,
गम़ भूलकर लबों पे हसीं सजाने कि जिद्द है।।"
..
"हर्फ़- हर्फ़ तरसे ,भाव महसूस होने के मध्यम ही,
"रुसवाइयों में सुकूँ मयस्सर करने की जिद्द है।"
..
ख़्वाहिशें कसमसा के दफ़्न रहती सीने की अंदर,
तो रवि की रश्मियों से, रूबरू कराने की जिद्द है।।"
..
कई दफ़ा भटके ,मंजिल पे पहुँचने के समीप ही,
जद्दोजहद में भी,सपनों को पूरा करने की जिद्द है।।"
..
"काले बादलों तले बेकल सबा, बारिशों को हुई आतुर,
आंसमा तले पंखो में उड़ान भर, उकाब़ बनने की जिद्द
है।।"
..
कि- अब क्या कहें ज़माना कैसे, जग छुड़ाने को है
व्याकुल,
दरकिनार कर उन्हें, साँसो को शाश्वत करने कि जिद्द है।।

23. उम्र की सीख

"पहली किलकारी से आज तक सीख रहे।
कि क्या-क्या सिखा दिया उम्र ने लिख रहे।।

..

चलना, बोलना, गिरना ,सम्भालना नित रहे।
साल दर साल आँखे खोल-खोल मिट रहे।।

..

भविष्य उज्जवल किए मासूमियत बिक रहे।
तरक्की के नाम पर करते झिक-झिक रहे।।

..

समाज में उठने-बैठने का सलीका बदलते रहे।
तिज़ारत करते रिश्तों से निभाना सीखते रहे।।

..

हार से अपने छूटे तब,स्वयं को ही समझते रहे।
काफ़िला साथ न दे, कि अकेले ही लड़ते रहे।।

..

ग़मों को छुपाकर ,हंसी का नक़ाब ओढ़ते रहे।
जगहसाई की फिक्र कहाँ, स्वयं में संलग्न रहे।।

..

वक्त की करवटों संग, ताल से ताल मिलते रहे।
कि-बिखरे जितनी बार, भावनाएँ समेटते रहे।।

..

उम्र के हर पड़ाव पर , हर कसौटी परखते रहे।
उम्र की सीख सिखाती ,जिजीविषा जगाते रहे।।"

24. वक़्त की गिरफ़्त में

आख़िर दुनिया को वक़्त के सिवा, बता चलाता है कौन?
वक्त जब करवटें लेता , इंसान भी हो जाता है उपयुक्त
मौन।
अंगडाईयाँ वक़्त की ऐसी, स्वयं पूछता मैं हूँ कौन!
वक़्त की गिरफ़्त में इंसान, घड़ियों का डंका रहा है मान।
..
कोलाहल जीवन का थमा सा है, लिए क्षणिक अल्पविराम,
गहन चिंतन से इंसान आगे का मार्ग बनाता रहता
सरेआम।
वक्त की चपलता से जीत न सही पर सामंजस्य बिठाता
हर शाम,
समझाता वक्त की कदर करने से ही बनेंगे मेरे हर बिगड़े
हुए काम।
..
भले वक्त निर्दयी प्रतीत होता है मगर वो असल में है
शुभचिंतक,
वक्त की ख़ामोशियों में , हर कोई ही बन जाता है हमारा
निंदक।
वक़्त मार्ग भी दर्शाता है ,किस ओर हमें निष्पक्ष बढ़ते
रहना हैं,
वक़्त को ही सखा बनाकर मंज़िल-ए-मक़सूद पर धाक से
पहुँचना है।

..

वक़्त जब अपनी धुन मनवाने में जुट जाए,इंसान ज्ञान
लगे हबेखता,
वक़्त के गिरफ़्त में ही रहकर वो स्वयं का उद्धार तभी
कर पाता।
नहीं जानता आगे क्या होगा,वक़्त ही बताता है सही मार्ग,
हाय रे ! इंसान आंशिक निष्ठुरता से वक्त को न ठहरा
बेईमान,
वक़्त से ही सजीव जीवन चले है जो पढ़ा जाता है गीता
का भी ज्ञान।

25. वीर रस- मृंदग

डम् डम् टन् ठन् सी मृदंग गूंज चारों ओर है,
विक्राल ताल रंग पे नयनों में लाल रंग है।

..

छम् छम् खम् मम् सी वाणी छायी घोर है,
क्रोध भी उग्र सी तो तेज भी रम्यवर्ग छोर है।

..

ठन् ठन् सी घंटिया से हुई रमणीय भोर है,
डमरू के थाप-ताल पर घुंघरुयों की शोर है।

..

धम् धम् वम् वम् मृगछाल पर विराज्य तौर है,
अंखड है त्रिशूल तो प्रचंड गिरिराज सर्व गौर है।

..

आदि से अनादि तक प्रज्ज्वल लौ दिखे जोर है,
ताप जो अग्नमय तो आंच लपट घेरे पूरजोर है।

..

जटाओं में चंद्र सजे,मुखमंडल पे चमक विभोर है,
उगंली के इशारे विश्व कल्याण करता चहुंओर है।

26. दो पल की ज़िंदगी।

जब किसी ने पूछा हमसे, क्या और कहाँ है ये हमारी
अस्ल ज़िंदगी-ए-वफ़ा,
तो ज़हन में आया खोने - पाने के बीच का अप्रतिम ये
जीवन फलसफा।

..

असल ज़िंदगी सिर्फ लम्बी न सही, बड़ी होकर भी दिखाती
है अह-द- वफ़ा,
जो घुट-घुट कर हम जीने लगे तो गाहे- बगाहे भयंकर
लगती है यही जफ़ा।

..

जीवन किन्ही बार तो बिना अपेक्षा , बिना किसी तूक
स्वयं को ही देती है बेकार सज़ा,
बात जो मनवाने पे तुल जाए अपनी, तो पछतावे नहीं
हिम्मत पर रखें रब की रज़ा।

..

जन्म से लेकर मरण तक ज़िंदगी को बस करना है रिश्तों
में समझौता,
धैर्य और साहस रख भी इसमें साँसे भर दें ,तो निश्चित
क्षुधा है बरस जाता।

..

ख़्वाब पूरे होते हों या रह जाते हो अधूरें, वज़ह पश्चात
समझ आता,

पर इससे हार मानकर हाथ पर हाथ धरें बैठा तो नहीं जा
सकता!

..

धूप तो कभी छाया ,मोह तो कभी माया बनकर जीवित
रखती और उतरती,
सफ़र-ए-ज़िंदगी में बच्चा हो या बूढ़ा सभी को सही चलाने
की दे जाती युक्ति।

..

संदूक जैसे, ज़िंदगी ने भी समेटकर भर लिया हो दर्द सीने
में जो हताश हो उठती,
आखिर बंधक बन जाए तो होले से दे जाती है सख़्त से
सख़्त कदम को भी मुक्ति।

..

दो पल की ज़िंदगी से हर रोज़ हम गुजरते हैं, पर खुश
रहकर बितायें तो ,संभले बेहतर,
चलो ज़रा सा हंस ले, बोल लें ,सुना लें,सुन लें,हर एक क्षण
तो खुशी रहगी ज्यादातर।

..

सही नहीं की भविष्य की चिंता में हम आज में यूँ कमज़ोर
बनकर ही रहते जीयें,
ईश की कृपा रही तो आज में सकारात्मक भाव से संसार
में हृदय खोलकर जीयें।

..

जब अपने सब हैं ज़िंदा तब ही उनकी थोड़ी सी तारीफ़
बड़ाईयाँ भी कर लेना यारा,
न करना कंधो पर जाने का इंतजार ,वो बड़ा अच्छा था
कह यादों में अश्रु बहाना सब बेमतलब यारा।

..

इक छोटी सी ज़िंदगी में बड़े-बड़े पराक्रम छोटे छोटे कदमों
से कर दिखाना चाहिए,
ज़िंदगी की अहमियत समझ उसे प्यार से गले लगाकर
और जीना सीख लेना चाहिए।

27. जैविक घड़ी।

प्रकृति के उपयक्तता हेतु
मनुष्य योनी में अवतरण हुआ,
नर्क को पा करके शुभेंन्दु सा
नवजात शिशु का जन्म हुआ ।

..

बालक अवस्था का रूप सुंदर
अपनी ही धुन में मग्न हुआ,
वो दिन दुनिया से बेखबर सा,
अठखेलियों में पूरा संलग्न हुआ ।

..

यौवन अवस्था में जब पांव धरा
जमीनी हकीकतों से सामना हुआ,
खुद के पैरों पर खड़ा होने को,
मानव अग्रसर होकर तत्पर हुआ।

..

कभी गिरा तो कभी संभला वो
यही पड़ाव जब उसे अहम हुआ,
चाहे जो चाहूं वो कर लूँ हासिल,
सबसे श्रेष्ठ होने का वहम हुआ।

..

सांसारिक विष्मताओं से जूझ रहा
पथ से भटकते निराश हुआ,

जीवन उद्देश्य की खोज करते
उसके मन में कई बार विषाद हुआ।

..

सुदृढ ठानकर कदम बढ़ाते रहा
आत्मनिर्भर होकर जीव यापन हुआ,
उम्र के बीचोंबीच पड़ाव पर उसका,
गृहस्थ जीवन में आगमन हुआ।

..

जीवनसंगिनी मन का साथ मिला,
तो जैविक घड़ी में अगला पड़ाव हुआ,
जिम्मेदारियाँ निभाते वो आगे बढ़ा,
थकावट में बदलाव परिवर्तित हुआ।

..

त्याग, काम,क्रोध, माया से उपर उठा
सांसारिक ब्रम्ह निष्ठा करता हुआ,
जीवन का ये आखिरी पड़ाव रहा
जब हर समय खोने-पाने का मंथन हुआ।

..

जैविक घड़ी का यह चक्र चलता रहा,
योग,तप,साधना से आखिरी साँसो तक,
अब सिर्फ मोक्ष प्राप्त में केंद्रित हुआ,
सभी बंधनो से मुक्त होने का द्वार खुला।

28. दौलत का नशा

अहमियत जरूर है ,पर क्या दौलत ही सब कुछ था मेरा,
शख्सियत जरूर है, पर क्या ये ऐश्वर्य ही मकसद था मेरा?
रिश्तें जरूर है ,पर क्या इसमें मिलावट करना ही उद्देश्य रहा,
याराना न बचा ,पर क्या दोस्ती में सिर्फ बनावट ही ध्येय रहा।

..

तहज़ीब तो हद पार कर गई जब अपनों संग ही बेअदब होता जा रहा,
कहीं जरूरत से ज्यादा तो पैसे नहीं कमाने में व्यस्त होता जा रहा।
दौलत का नशा चढ़ गया की बुजुर्गों के आगे सिर तक नहीं झुका पा रहा,
आलम ने किया ऐसा बेखबर, कहीं इस दौलत को मैं नहीं पचा पा रहा।

..

तमाशबीन का सुरूर ऐसा हावी हुआ की सही- गलत में न फर्क हो रहा,
नशे के गुरूर में अपने हीत-मित्र को तुच्छ समझ कर वहाँ न ज़िक्र हो रहा।
दूर से ही लोग कर रहें हैं दुआ-सलाम, शायद दिल से

इज़्ज़त मैं गंवा रहा,
सब जानता-समझता हूँ न जानें क्यों फिर सारे मुफ़लिसी
में नज़रें चुरा रहा।

..

महफ़िल में नहीं बुला रहें भरी जवानी में ही दौलत के नशे
में चूर हो रहा,
लगता है सब नज़रअंदाज कर रहे, कतरा रहें हैं, मनसोहखी
में मशहूर हो रहा।
एक-एक कर सारों से दूर हुआ, अब सुर छेड़ मन को
ढाढ़स -सहूर बंधा रहा,
हालातों में समझने लगा दौलत ही मेरा सब कुछ है तो
बेशक कसूर हो रहा।

..

समा ऐसा धुधंला गया की इस दौलत की ढेर पर अकेला
खड़ा हूँ दिख रहा,
परिजन छूटते जा रहे मैं पागल सा प्रतीत होता भीड़ से
अलग हो रहा ।
बेबस, अकेला, परेशान कर रहा है ये वक्त अब स्वयं को
नहीं समझा पा रहा
अब नहीं सम्भाल पा रहा खुद को ,मैं दौलत के दलदल में
धंसता जा रहा।

29. दरकार नहीं

"बिखर गई कोशिश मेरी , ऐहतराम की दरकार नहीं,
हासिल हुई बस खाक़, तेरे नाम की दरकार नहीं।।

..

चार कदम चले तुम भी थे हम भी थे, मगर किस राह,
रास्तों ने ही छोड़ दिया साथ, मक़ाम की दरकार नहीं।

..

माफ़ी की गुंजाइश सदा रही मगर ख़ामोश रहे दोनों,
तूफान-ए-बे-ख़्वेशी के बीच , गुलाम की दरकार नहीं।

..

हमारी दूरी वो आवाज़ बन गई ,आज तक बिलख रही,
धज्जियाँ उड़ी हौसलों की तब इमाम की दरकार नहीं।

..

सीने में दर्द की इंतहा महसूस करना ग़ैरजरूरी हुआ,
फक़्त दुआओं में रख लेना, सलाम की दरकार नहीं।

..

ज़िक्र तेरा जब-जब भी होता है,घेर लेती है कशमकश,
महफ़िल में बेतरतीब क़वायद में शाम की दरकार नहीं।

..

अब आँखो में नमी की क्या ही कोई बात करे "सैयाही",
काले-सफ़ेद के बीच अब रंग-ए-दवाम की दरकार नहीं।।"

30. अमरबेल

"कविताएँ पौधों की तरह होती हैं
जो भरती है जीवनआधार होने में प्राण,
बीज बोते ही मिट्टी में मजबूत जड़ है पकड़ती
वैसे ही मन के ख़्याल पंक्तियों में बंधकर डालती है जान।

..

समय बाध्य नहीं कर पाता जिसको
अपने ही धुन में निरंतर बढ़ने को है मचलती,
रौशनी,पानी ,हवा जहाँ बन जाता है ऊर्जा देवक,
रचनाएँ वैसी ही एहसास गढ़ने को है पलती।

..

कुछ ख़ास देखभाल की जरूरत नहीं
तालमेल बिठाती जीवंत कर मनःपटल से उन्माद को,
पर्याप्त अड़चनों के बावजूद बिखराव नहीं पसंद,
परिपूर्ण होकर मिटाती है जीवन जीने के विवाद को।

..

पत्ता पत्ता हो जैसे तत्पर हरियाली में
सराबोर कर जाती है प्रकृति के कण-कण को,
वर्ण से शब्द,शब्द से वाक्यांश ,वाक्यांश के ताल
मनःपटल से उभरकर पा लेती काबू हर रण को।

..

फूँक से नहीं मगर हूँक करती है तंग
रंग-रूप चाहे परिवर्तित होता रहे कर न पाए परिमित,

"

ख़ामोशियों में घुटते रहना गंवारा नहीं
कभी तार कभी कटार बन ज़मीनी हक़ीकत करे स्वीकृत।
..
एक सोच जो कभी टहनी सा उगती है
निखारती रहती अस्तित्व यही सब करते हैं ज़िक्र,
हर माहौल में ख़ुद को ढालना ही तासीर रखे
अमरबेल की तरह बढते चले जाए, बेखौफ़ बेफ़िक्र।।

31. अगर मैं अदृश्य हो पाती

"कहने को सब ज़िंदा है पर मूक
जानवर सा मुर्दा रह बुत बनकर जी रहे हैं,
कैसी है यह जिदंगी जब चाहकर
भी अपनों के भी काम न आ पा रहे हैं।।

.

ईश प्राथना सुनता और जादू से
अगर मैं अदृश्य हो पाती तो बन जाती हवा,
जो जिस भी गली से बहती
वहाँ मुस्कान की असंख्य लडियाँ बन जाती दवा।।

.

मायूसी और अकेलेपन से भरी
संकुचित दुनिया में खुशहाली की है ज़रूरत,
जो मैं हँसी की हवा बनी तो
सकारात्मक मिज़ाज और ऊर्जा करती प्रवाहित।।

.

भले न कोई देख पाता मुझे
पर महसूस कर खुशहाल जीवन जीते जरूर,
तनाव मुक्त हो परिवार और
रोज़गार में उन सबका मन लगता सालों भरपूर।।

.

समाज के हर कोने में मैं हवा
बन ऐसी पसरती जैसे मुस्कुराहट का त्योहार,
इंसा ,इंसान से कटता जो
चल रहा ख़ूब ,भगा देती वहाँ से विनाश का विचार।।

कि- समस्या और चिंता से घिरा
हर कोई ही है बच्चें,मध्यम या बुजुर्ग-"सैयाही",
बन सबा मैं बंद दरीचों से शामिल,
वो हंसी-खुशी प्रवाहती, बरक़त देती आभार।।

32. खिड़कियाँ

"खिड़की से झांकते उजाले की ओर खिड़कियाँ
हर बंद होते कमरे की उम्मीद है---------"

.

"खिड़कियाँ खुली रखना ही है यारों सभी,
आज फिर से आनेवाला है वो ख़ास कोई।।"

.

भोर की लालिमा से आँखे न मींचना कभी,
देखो चली है रौशनी रास्ते में होगी कहीं।।"

.

जो आयी झांकने तो मन से न डरना कभी,
पहुँची है तेरा हाल पूछने वो दिल के सभी।।"

.

बेवजह रह ये तो सोचना ही छोड़ दे अभी,
कभी अर्श पे तो कभी फर्श पे जीते हैं सभी।।"

.

"सबा तो चाहे छूना तेरी भी जिंदगानी वही।
बंद जो रखी खिड़कियाँ लौट न जाए कहीं।।"

.

"चली हैं तितलियाँ पाती लिए आने दे तभी।
है कोई ख़बर जो हौसला तुझे दिलाए तभी।।"

.

"कि-खिड़की वो माध्यम है जो मन को छूती,
दरवाजों के विपरीत जाने कि बात न करती।।"

33. आँखो की पुतलियाँ।

सूरत खिल- खिलजाता है जब भी पिता को देखे बेटियाँ।
क़ुबूल हो जाती हर वो दुआ जब मन्नतें मांगती हैं
गुड़िया।।

.

पिता की चाहत ,लाड़ो का सपना पूरा हो ,न करें
नादानियाँ।
बड़े नाज़ो से सिर-आँखो पर रखेंअपने आँखो की पुतलियाँ।।

.

सपने देखते, कि मेरी बेटी ख़ूब नाम रौशन करेगी इस
दुनिया।
दहलीज पार कराने का भी तो पिता ने बीड़ा रखा
शौकिया।।

.

ज़ीनत हदीसों सी सादगी रखें पिता के आँसू मिटाए
बेटियाँ।
दुर्दिनों के दौर में संवेदनाए बन हिम्मत बांधती ही है
डोरियाँ।।

.

ग़र्म हवा के झोंके जब भी जिदंगी को झुलसाए दर
बखूबियाँ।
विश्वास है ठंडी हवो का झोंका बन मन शांत करे
पुतलियाँ।।

34. स्वयं से स्पद्रधा।

समय कम , व्याकुल आशाएं और पास है यह कठिन
ज़िन्दगानी।
चलो सुनाती हूँ मैं स्वयं ही अपनी इस रोचक प्रतिद्वंद की
कहानी।

.

जब तिमिर में रह दूसरों से यहाँ हो कुंठित साबित की मैनें
निशानी।
स्वयं को पुनः स्थापित किया मैनें जो सुदृढ़ प्रबलता मन
में ठानी।

.

क्यों मन में पालती ग्लानि, क्यों ही कर बैठती मैं उन
दिनों को नादानी।
स्वयं उत्सर्जित करा असंख्य किरणों को, बिन भ्रमित रह
दिल की मानी ।।

.

जब अपनों ने ही दुश्मन बना सिद्ध किया, हुई संग मेरे
बेईमानी,
तब हक़ीकत को कर स्वीकार, हालातों में स्वयं से स्पर्धा
की बन सयानी ।।

.

भीड़ से परे पथरीले कर्मपथ पर निरन्तर चलती रही तू
"सैयाही"।

सोच दूसरों से जब भिन्न करी तूने तब निश्चित ही
सफलता थी आनी ।।

नीरवता भंग हुई जब तो तरंगित मन में सुरमई गूँजी
ध्वनि प्यारी,
जीवन के अलंकार को सुसज्जित किया तब बन कर पावन
ईशानी ।।

35. वीर रस- मृंदग

डम् डम् टन् ठन् सी मृदंग गूंज चारों ओर है,
विक्राल ताल रंग पे नयनों में लाल रंग है।

.

छम् छम् खम् मम् सी वाणी छायी घोर है,
क्रोध भी उग्र सी तो तेज भी रम्यवर्ग छोर है।

.

ठन् ठन् सी घंटिया से हुई रमणीय भोर है,
डमरू के थाप-ताल पर घुंघरुयों की शोर है।

.

धम् धम् वम् वम् मृगछाल पर विराज्य तौर है,
अंखड है त्रिशूल तो प्रचंड गिरिराज सर्व गौर है।

.

आदि से अनादि तक प्रज्ज्वल लौ दिखे जोर है,
ताप जो अग्नमय तो आंच लपट घेरे पूरजोर है।

.

जटाओं में चंद्र सजे,मुखमंडल पे चमक विभोर है,
उगंली के इशारे विश्व कल्याण करता चहुंओर है।

36. दो पल की जिदंगी।

जब किसी ने पूछा हमसे, क्या और कहाँ है ये हमारी
अस्ल जिदंगी-ए-वफ़ा,
तो ज़हन में आया खोने - पाने के बीच का अप्रतिम ये
जीवन फलसफा।

·

असल जिदंगी सिर्फ लम्बी न सही, बड़ी होकर भी दिखाती
है अह-द- वफ़ा,
जो घुट-घुट कर हम जीने लगे तो गाहे- बगाहे भयंकर
लगती है यही ज़फा।

·

जीवन किन्ही बार तो बिना अपेक्षा , बिना किसी तूक
स्वयं को ही देती है बेकार सज़ा,
बात जो मनवाने पे तुल जाए अपनी, तो पछतावे नहीं
हिम्मत पर रखें रब की रज़ा।

·

जन्म से लेकर मरण तक जिदंगी को बस करना है रिश्तों
में समझौता,
धैर्य और साहस रख भी इसमें साँसे भर दें ,तो निश्चित
क्षुधा है बरस जाता।

·

ख़्वाब पूरे होते हों या रह जाते हो अधूरें, वज़ह पश्चात
समझ आता,

पर इससे हार मानकर हाथ पर हाथ धरें बैठा तो नहीं जा
सकता!

.

धूप तो कभी छाया ,मोह तो कभी माया बनकर जीवित
रखती और उतरती,
सफ़र-ए-जिदंगी में बच्चा हो या बूढ़ा सभी को सही चलाने
की दे जाती युक्ति।

.

संदूक जैसे, जिदंगी ने भी समेटकर भर लिया हो दर्द सीने
में जो हताश हो उठती,
आखिर बंधक बन जाए तो होले से दे जाती है सख़्त से
सख़्त कदम को भी मुक्ति।

.

दो पल की जिदंगी से हर रोज़ हम गुजरते हैं, पर खुश
रहकर बितायें तो ,संभले बेहतर,
चलो ज़रा सा हंस ले, बोल लें ,सुना लें,सुन लें,हर एक क्षण
तो खुशी रहगी ज्यादातर।

.

सही नहीं की भविष्य की चिंता में हम आज में यूँ कमज़ोर
बनकर ही रहते जीयें,
ईश की कृपा रही तो आज में सकारात्मक भाव से संसार
में हृदय खोलकर जीयें।

.

जब अपने सब हैं जिंदा तब ही उनकी थोड़ी सी तारीफ़
बड़ाईयाँ भी कर लेना यारा,
न करना कंधो पर जाने का इंतजार ,वो बड़ा अच्छा था
कह---यादों में अश्रु बहाना सब बेमतलब यारा।

इक छोटी सी जिदंगी में बड़े बड़े पराक्रम छोटे छोटे कदमों
से कर दिखाना चाहिए,
जिदंगी की अहमियत समझ उसे प्यार से गले लगाकर
और जीना सीख लेना चाहिए।

37. दौर-ए-इम्तहान

"पड़ने लगी हैं माथे पर सिलवटें ,मगर कुछ,
हाँ कुछ, अंशुमन से पुष्पजीवन के निशान बाक़ी है!
सफ़ेदी भी तो आने लगी हैं अब इस केश में
गनीमत है कदमों के नीचे जमीं ,सिर पे आसमान बाक़ी
है!!

.

सुनो!! वक़्त की कर्वटों के समक्ष थकान हुई,
मगर जीवन में रूकने की हमें आदत बाबस्ता रहीं नहीं,
लेते हुए अहम फ़ैसले, हार माना नहीं है जनाब,
आत्मसम्मान से बिन समझौता किए जीते हैं स्वाभिमान
बाक़ी है!!

.

बोझिल हो रही हैं नयनों के दीप्तमान डिबरी
टटोलते हुए हर रास्ता चलने की कोशिश ज़ारी है,
डगमगा रहे घुटने तो क्या,धमनियाँ तो चल ही रही हैं
उन्में उम्मीद का जोश भरते हुए बढने का भी गुमान बाक़ी
है!!

.

समंदर की तरह सीना फैलाए बीच मझधार नाव चलाई
जीवन की कश्ती लिए ,साहिल पे भी थे हम मचलते,
अनगिनत तूफ़ान झेलते हुए दिशा जो बदली हमने
वक़्त की दशा को बदलने का होना जहाज़-रान बाक़ी है!!

.

विवेचना असंख्य आई हिम्मत को परखने साहब,
विश्वास किस्मत पर नहीं, हौसलों पर रखते प्रयास किए,
अपनों के तमाचे से रूह भी ज़ख़्मी हुई कई दफ़ा
जखिफ़ करते हैं ख़ुद पर की कुछ साँसे मियान बाक़ी है!!

.

ताज़ा सिकीं रोटियाँ सब्ज़ी के रस्से में डूबोकर
कभी कभी खाना चाहता है दिल हमारा भी बहुत,
कंपकंपाती हैं उगलियाँ चुल्हा सुलगाने में देखो ना,
पेट भर दो वक़्त हिसाब से पकाते हैं, दौर-ए-इम्तहान बाक़ी
है!!

.

परवरिश दी संतान को अपनी औक़ात से जियादा,
बिन मलाल लम्हा लम्हा पैरहन पर पैंबद सिलते हुए,
ख़्वाब हमने भी देखे थे इस दुनिया पे फ़तह पा लेने का,
साधारण होते हुए भी ज़िंदगी सुकूँ में गुज़ारी वो मकान
बाक़ी है!!

.

छोटी छोटी बातों पर मन मारकर जीना क्या होता है
कोई हमसे पूछे तो कहें ,चीरते गए हर विडंबना,
उक़ाब सा हौसला अब भी रखते हैं हर हाल इस जनम
बनकर आज़ाद परिंदा हमारा भरना उड़ान बाक़ी है!!

.

कि- कोई पूछे की ज़िंदगी का फ़लसफ़ा क्या रहा इन
उलझनों
और ग़मों के बीच बताना तुम "सैयाही",
सुपुर्त-ए-खाक होने से पहले रंगबिरंगे फूल खिलते,

जिस गली में ,वो हमारा जान से प्यारा गुलिस्तान बाक़ी
है!!

38. नंदिनी

"प्रसन्न हुई सबकी सेवा देखकर,
अब लेने दो मुझे धरा से आज्ञा,
अभंग श्रद्धा से भावुक मुख कर,
दुराचारियों को दिलानी है प्रज्ञा।।

प्रेम महज़ नौ दिनों का न रखना,
स्वतः घर की नंदिनी का ये ध्यान,
बरक़त है आशीष से याद रखना,
जननी का ऊँचा रखना है मान।।

संदेह से चहुँओर मचा है त्राहिमाम,
विश्वास की हैं धज्जियाँ उड़ाते बाण,
अनिष्टता सर्व पर लगाना है विराम,
तांडव करना हो चाहे निकले प्राण।

मेरा अंश लिए नारी है शक्तिस्वरूपा,
संग स्नेह,ममता की अप्रतिम मूरत।
प्रार्थनाओं से सुसज्जित है सतरूपा,
शक्तिदायिनी एकटक निहारे सूरत।

अश्रुपूर्ण न होने दें करके मुख मिष्ठ,
भक्ति से रची बसी सुन लेना आग्रह,

मुस्कान से पार नारी न हो कभी रुष्ठ,
सम्रपण बिनती सुन लेगें तेरी नवग्रह।

39. ।।आते जाते।।

(मुखड़ा)

"आते जाते गिरते संभलते...ज़िंदगानी तुमको बताऊँ,
आते जाते घूमते फिरते इक कहानी तुमको सुनाऊँ।
अधूरे सही मेरे ये गीत मेरे ये नग़मे गुनगुनाती रहूँगी,
अधूरे सही मेरी ये प्रीत मेरी ये रीत बस निभाती रहूँगी।"

(१ अंतरा)

लम्हा लम्हा लफ़्ज़ अधूरें हैं बताने के लिए सुनो न,
ज़िंदगी के हर मोड़ पर से मैं गुज़री हूँ तन्हा सुनो न।
मौसम बदले न बदली मैंने चाहतों के ये रेले सुनो न,
सफ़र में मिले अजनबी, करामातों के मेले सुनो न।।

आते जाते बचते बचाते .....ज़िंदगानी तुमको बताऊँ,
आते जाते घूमते फिरते इक कहानी तुमको सुनाऊँ।
अधूरे सही मेरे ये गीत मेरे ये नग़मे गुनगुनाती रहूँगी,
अधूरे सही मेरे ये प्रीत मेरे ये रीत बस निभाती रहूँगी।"

(२ अंतरा)

हारी नहीं मैं उन हालातों से कदम कदम बढ़ी सुनो न
सीखा है मैंने हर रातों से जाग जागकर पढ़ी सुनो न
आज रह ले इन तारों की छांव में कुछ पलके सुनो न
कल फिर एक नया सवेरा होगा दिन दमके सुनो न।।

आते जाते रूठते मनाते ....ज़िंदगानी तुमको बताऊँ,
आते जाते घूमते फिरते इक कहानी तुमको सुनाऊँ।
अधूरे सही मेरे ये गीत मेरे ये नग़मे गुनगुनाती रहूँगी,
अधूरे सही मेरे ये प्रीत मेरे ये रीत बस निभाती रहूँगी।"

(३ अंतरा)

गुज़रती हूँ जब सुनसान राहों से हुए इत्तिफ़ाक़ सुनो न
हँसते गाते वक़्त बिताकर संग हुए मुशताक़ सुनो न।
पैग़ाम आए जब गुज़रे सुबह-शाम उस चाक सुनो न,
ख़वाब देखे जो सब अपना हो जमाती हूँ धाक सुनो न।

आते जाते बिखरते संवरते...ज़िंदगानी तुमको बताऊँ,
आते जाते घूमते फिरते इक कहानी तुमको सुनाऊँ।
अधूरे सही मेरे ये गीत मेरे ये नग़मे गुनगुनाती रहूँगी,
अधूरे सही मेरे ये प्रीत मेरे ये रीत बस निभाती रहूँगी।"

(४ अंतरा)

आए वो नज़र में मुझे कभी भी हुई न ख़बर सुनो न
सवाल करते बीच रास्तों में कभी हो न सहर सुनो न।
जो तू चाहता है ना चलना होगा मिटाते समर सुनो न
कहकशां लगने लगे जब ज़ज़्बात ढाते कहर सुनो न।

आते जाते डरते सुधरते.....ज़िंदगानी तुमको बताऊँ,
आते जाते घूमते फिरते इक कहानी तुमको सुनाऊँ।
अधूरे सही मेरे ये गीत मेरे ये नग़मे गुनगुनाती रहूँगी,
अधूरे सही मेरे ये प्रीत मेरे ये रीत बस निभाती रहूँगी।"

.

(मुखड़ा)
"आते जाते गिरते संभलते...ज़िंदगानी तुमको बताऊँ,
आते जाते घूमते फिरते इक कहानी तुमको सुनाऊँ।
अधूरे सही मेरे ये गीत मेरे ये नग़मे गुनगुनाती रहूँगी,
अधूरे सही मेरी ये प्रीत मेरी ये रीत बस निभाती रहूँगी।"

40. ।। ख़ुश हूँ मैं ।।

"ख़्वाबों और ख़्यालों की तकरार ....
दर रोज ज़हन जो जताए हर शाम में है।
हुआ सामना ज़िंदगी से जब मालिक़,
लबरेज़ तुम्हारे वज़ूद का असर नाम में है।।

.

फिर भी खुश हूँ क्योंकि जीना चाहती हूँ!!

.

मेरी हर चाहतों में हिस्सेदारियाँ रही तेरी....
किन किन बातों की गिनती मैं भला कराऊँ,
छोड़कर अब सारे शिकवे शिकायतें अपनी....
राह जख़्म-ए-दिल ने, पहुँचाया समर मकाम में है।।

.

फिर भी खुश हूँ क्योंकि जीना चाहती हूँ!!

.

मान लिया निभानी है मुझे जिम्मेदारियाँ.....
जिनसे कभी चाहकर भी मैं मुकरी नहीं,
तुम्हारा हर फ़ैसला सिर आँखो पर निज़ाद....
न पायीं वो मुस्कियों ,दिल-ए-तबाह के ज़ाम में है!!

.

फिर भी खुश हूँ क्योंकि जीना चाहती हूँ!!

.

दर्द के असीम ग़म को उस गली छोड़कर आते हैं.....
कई मर्तबा नये ग़म के शहर में घूम फिरकर,
जहाँ तेज़ धूप कि धारियाँ पसरती है बांरहा......
वहाँ दिन-ब-दिन छांव को बदलने की नज़र इंतज़ाम में है।।

.

फिर भी खुश हूँ क्योंकि जीना चाहती हूँ!!

.

जिनसे भी सच्चे दिल का जुड़ाव रहा....
बारी बारी दुनिया से गए हँसने की वज़ह छीनते,
साँसे रुकी नहीं है अब तलक़ कोई तो वजह रही होगी...
उस व़जह की ख़ातिर अब मेहर से दिल-आराम में है।।

.

फिर भी खुश हूँ क्योंकि जीना चाहती हूँ!!

.

ज़िंदगी है तो रोजमर्रा की मुसीबतें लगी रहेगी....
ऩसीब में बहुत कुछ है जो दूसरों के तक़दीर में नहीं,
बच्चों की किलकारियाँकित होता है मन,
जब ओढ़ती हूँ लाल चूनर मैं लगाकर मेहंदी.....
खिलखिलाहटें रुख़सार पर मेरे अधर की इनाम में है।।

.

फिर भी खुश हूँ क्योंकि जीना चाहती उनकी मुस्कुराहटें
देखकर....
हमारे रिश्ते नातों की आवाज़े कर ख़ुश-क़लाम में है।।

.

फिर भी खुश हूँ क्योंकि जीना चाहती हूँ!!

.

सावन की बारिश की वो पहली फुहारें गालों को छूती हैं..
जब बजती है घंटियाँ शिवालय में पुल हूँ!!

.

क़िस्मत इतनी भी बुरी नहीं रही.....
कि हर घड़ी साँसो के तोहफ़े का मलाल करें,
सर पर छत है ,जीवन चलाने को आहार......
मनमर्जी हो न भले, अपने व्यक्तित्व से पहचान की कदर
सरेआम में है!!

.

फिर भी खुश हूँ क्योंकि जीना चाहती हूँ!!

.

है कोई मोहब्बत करने वाला ,परवाह करने वाला .....
ग़र गलतियाँ जो कभी होती हैं उन्हें माफ़ करनेवाला,
एक दफ़ा पूछ ही लेता "तुम कैसी हो" ....
दिल्लगी जिसने कभी की नहीं वो दिल की लगी गज़र के
शफ़क़-फ़ाम में है।

.

फिर भी खुश हूँ क्योंकि जीना चाहती हूँ!!

.

निशानियाँ संजोकर रखा है उन खुशमिज़ाज पलों का....
जिन्हें संदूक से बाहर कर दोबारा जीना चाहे मन,
कहानियाँ किस्से जैसे सुनाते हैं अब वो दास्तान....
सुदंर लगते हैं वो नज़ारे ,मयस्सर हुआ था सुकूँ ,शजर से
गुलफ़ाम में है।

.

फिर भी खुश हूँ क्योंकि जीना चाहती हूँ!!

.

उदासियों की बहुत सी व़जहें आज भी ज़ार ज़ार करे....
मगर जीने की मुकम्मल व़जह फक़्त एक है "सैयाही",
    अपनी खुशियों की व़जह तू ख़ुद ही है......
दूसरों से क्या ही उम्मीद करें, मद्देनज़र यही पैग़ाम में
है।।"?

41. रहमत की दिन।।

"ग़र हो अन्जाने में भूल कभी,
कर देना बेड़ा पार, अल्लाह-मियाँ हमारी।
नियत पाक़ रखते हैं ज़िंदगी में
माफ़ कर देना आप गुस्ताख़ियाँ हमारी।।
.

औकात़ बस मिट्टी भर है हमारी
आख़िर में होना है सुपुर्द-ए-ख़ाक,
भटक रहें हैं सुकूँ की तलाश में
साबित कर देने किसी रोज़ निशानियाँ हमारी।
.

आँखो में इज़्ज़त लिए हम
बारहां दूजों का एहतराम करते हैं,
लगता है मुनासिब कुछ वक़्त
इंसानियत से शर्म बन जाए पोशियाँ हमारी।
.

ईद का चाँद जब भी दिखे
मानो जीने का मकसद पूरा हो रहा है
मोहब्बत पाए मोहब्बत बांटकर
कर देना पूरी ख़्वाहिशों की लरियाँ हमारी।
.

तोड़कर पत्थर हम कभी तो
पा लेगें सब्ज़ा, इतनी मेहरबानी कर ए-खुदा,

मुहताज-ए-नसीम-ओ-शबनम न रहें
बगिया में खिलाना फूल की झड़ियाँ हमारी।

दिल-ए-नादाँ है जो कर जाए गुनाह कोई
अदब खोकर जीना गंवारा नहीं
चाह-ए-जकन में हो जाए
जरूरत हम जब किसी की सलटना खताइयाँ हमारी।

डर लगता है कभी दर्द सह जीने में,
हिफ़ाजत में रखना सुन ए-परवरदिगार,
काम हो तो नेक़ी का क़यामत तलक़
फँसे कभी जो बीच मझधार पार कराना कश्तियाँ हमारी।

हर हैसियतदार समझे क़ीमत भूख प्यास की
और न करे गुमां ख़ुद को ऊँचा मान लेने की
"रहमत का दिन" आए उससे पहले
किसी हाल साल,दर साल दूर कर देना बुराईयाँ हमारी।।

फर्क़ न आए कभी किसी से
धन दौलत के एवज, खून तो सबका एक है,
जाति धर्म के नाम पर हैवान हुआ जा रहा इँसा
मिटा देना उन तकलिफ़ों से सिसकियाँ हमारी।।

रमज़ान के तीनों अशरे- दया,माफ़ी
और जहन्नम के आग से बचाव की दुआएं क़ुबूल करना
नम्रता, स्नेह और इंसानियत से बीते
आगे की ज़िंदगी यह क़ुबूल कर दुआ यह नुमायाँ हमारी।

दामन-ए-ख़ुदा कभी बोसों से आकर
नवाज़ देगें रहमोकरम, क़यामत से पहले "सैयाही",
जो सुनते हो तुम्हारी दुआएं तो ताउम्र
कलेजे से बरसे बरकत और जीने को रानाईयाँ हमारी।।

42. रहमत का दिन।।
(भजन)

"मेरे मोहना! तेरी कृपा.... .हम पर अब बरस जाए।
मेरे मोहना! तेरी कृपा.......हम पर अब बरस जाए।।
रहमत का दिन नज़र आए.......हमारा गुज़र हो जाए,
इनायत का दिन नज़र आए.....हमारा बसर हो जाए।

.

कभी फँसे बीच मझधार ....खेवैया तुम बन जाना,
कभी धँसे खींच संसार.......तेरैया तुम बन जाना।।
रहमत का दिन नज़र आए.......हमारा गुज़र हो जाए,
इनायत का दिन नज़र आए.....हमारा बसर हो जाए।

.

मेरे मोहना! तेरी कृपा.... हम पर बेड़ा पार दरस जाए,
मेरे मोहना ! तेरी कृपा... हम पर जुड़े तार बरस जाए।
रहमत का दिन नज़र आए..... ..हमारा गुज़र हो जाए,
इनायत का दिन नज़र आए........हमारा बसर हो जाए।

.

मेरे दिलबर, मेरे रहबर.....तू ही असर तब बन जाना,
श्याम सुदंर,नील समंदर... तू ही कसर तब बन जाना।
रहमत का दिन नज़र आए.......हमारा गुज़र हो जाए,
इनायत का दिन नज़र आए......हमारा बसर हो जाए।

.

मेरे मोहना! तेरी शक्ति... हम पर अपरम्पार बरस जाए,
मेरे मोहना ! तेरी तृप्ति....हम पर बारम्बार दरस जाए।
रहमत का दिन नज़र आए..... ... हमारा गुज़र हो जाए,
इनायत का दिन नज़र आए.........हमारा बसर हो जाए।

.

पूजा न जाने हम,सेवा न जाने.....सब तुम सुन जाना,
दूजा न जाने हम ,मेवा न जाने... सपने तुम बुन जाना।
रहमत का दिन नज़र आए....... . हमारा गुज़र हो जाए,
इनायत का दिन नज़र आए..... हमारा बसर हो जाए।

.

मेरे मोहना! तेरी युक्ति... हम पर अनेको बार बरस जाए,
मेरे मोहना ! अतिसक्ति....घर पर अंबार सार दरस जाए।
रहमत का दिन नज़र आए..... ... हमारा गुज़र हो जाए,
इनायत का दिन नज़र आए.........हमारा बसर हो जाए।

.

भटक रहे हम मारे मारे तुम से अब सहारे सारे मिल जाना
अखियाँ रोई थारे वास्ते अब तुमसे द्वारे द्वारे खिल जाना
।
रहमत का दिन नज़र आए.........हमारा गुज़र हो जाए,
इनायत का दिन नज़र आए........ हमारा बसर हो जाए।।

.

मेरे मोहना! कर्मशक्ति... हम पर अन्नसार बरस जाए,
मेरे मोहना ! धर्मयुक्ति ....हम पर पर्मार्थसार दरस जाए।
रहमत का दिन नज़र आए..... ... हमारा गुज़र हो जाए,
इनायत का दिन नज़र आए........हमारा बसर हो जाए।

·

मेरे दिलबर, मेरे रहबर..... हस्ती मिटाकर तेरा स्नेह पाए,
श्याम सुंदर,नील समंदर... कश्ती संग पार तेरा नेह पाए।
रहमत का दिन नज़र आए......... हमारा गुज़र हो जाए,
इनायत का दिन नज़र आए........ हमारा बसर हो जाए।

·

मेरे मोहना! तेरी भगवदभ्क्ति... हम पर प्यार बरस जाए,
मेरे मोहना ! घटक व्यक्ति... .हम पर संसार दरस जाए।
रहमत का दिन नज़र आए..... ... हमारा गुज़र हो जाए,
इनायत का दिन नज़र आए.........हमारा बसर हो जाए।

·

दया दृष्टि लुटाते हैं दर दर तू मुक्ति का द्वार बन जाना,
सदा लुटाते हैं हर शजर तू भक्ति का भंडार बन जाना।
रहमत का दिन नज़र आए....... हमारा गुज़र हो जाए,
इनायत का दिन नज़र आए.......हमारा बसर हो जाए।

·

मेरे मोहना! तेरी शक्ति... हम पर अपरम्पार बरस जाए,
मेरे मोहना ! तेरी तृप्ति....हम पर बार- बार दरस जाए।
रहमत का दिन नज़र आए..... ... हमारा गुज़र हो जाए,
इनायत का दिन नज़र आए.........हमारा बसर हो जाए।

·

भूल चूक गलती की माफ़ी मागूँ मात्र आसरा बन जाना।
हाथ फिराना प्यार से बाबा जैसे तुम सहारा बन जाना।।
रहमत का दिन नज़र आए..... ... हमारा गुज़र हो जाए,
इनायत का दिन नज़र आए.........हमारा बसर हो जाए।

·

मेरे मोहना! तेरी दृष्टि... हम पर निर्णयसार बरस जाए,

मेरे मोहना ! तेरी स्वीकृति....हम लोकसार दरस जाए।
रहमत का दिन नज़र आए..... ... हमारा गुज़र हो जाए,
इनायत का दिन नज़र आए.........हमारा बसर हो जाए।

.

पीताम्बर धारी सुन लेना अरज ,कोई भिक्षुक न रह जाए,
मोरमुकुट धारी सुन लेना अरज ,कष्ट इक्छुक के बह जाए।
रहमत का दिन नज़र आए..... ... हमारा गुज़र हो जाए,
इनायत का दिन नज़र आए.........हमारा बसर हो जाए।

.

मेरे मोहना! तेरी कृपा...... हम पर अब बरस जाए।
मेरे मोहना! तेरी कृपा ....हम पर अब बरस जाए।।
रहमत का दिन नज़र आए..... ... हमारा गुज़र हो जाए,
इनायत का दिन नज़र आए.........हमारा बसर हो जाए।

43. जीवन का अलंकरण

भावुकता और मन की
हर आकृति से होता है कण-कण सृजन,
इंद्रियाँ भी होती है केंद्रित
जब समझ की सूक्ष्मता से हो कर्तव्य निर्वहन।

.

सम्पूर्ण जीवन का अलंकरण
हो जाए धैर्य जब संग रहे आत्मविश्वास,
सत्य की तिहरी दूरी को प्रत्यक्ष
लाकर चलते रहे संबधित श्वास-प्रश्वास।

.

जहाँ शिक्षा और संस्कार से
होगा हर मनोवस्था सटीक रूप से प्रतीत,
मीठी वाणी और उचित आचरण से
अलंकार जीवनलय से बीतेगा मधुर संगीत।

.

संयमित रूपी धर्म का पालन
विषमताओं में भी करना लगे अनिवार्य,
साथ का साथ चलकर ,श्रृंखला बनाते चले,
प्रयासित रहे करने को पूरा हर कार्य।"

.

संबद्धता और करीबियों के विश्वास
से जीवन की साक्षात पूरी हर कल्पना।

रज रज के समय को स्वीकारते
चलेगें तभी पूरी कर पाएंगे सुदंर अल्पना।"

44. रचना :- ।।पैसों का शोर।। (कटाक्ष)

"अजब गजब दुनिया के देखो ये खेल कितने हैं निराले।
कहीं पड़ता अकाल कहीं घर पड़े घन बारिश के हवाले।
चाहें जितना भी परिस्तिथियों को वश में हम यूँ करना,
वक़्त के विपरीत गाहे बगाहे पड़ता है शर्त को सहना।।"

·

ज़िंदगी मानो हो चुकी है पैसों की अंतहीन लंबी दौड़,
मंज़िल का पता नहीं भर दिन मगर लगा रहे भागदौड़।
लत लगी है पैसे कमाने की ऐसी की चले हैं सब रौंधते,
स्वार्थ के आगे न दिखे मिज़ाज झिझक तक नहीं कौंधते।।

·

पुरातनकाल में भी चवन्नी अठन्नी का रहा था बोलबाला,
गुल्लक़ भरी रहनी चाहिए तोड़ दो चाहे कोई भी ताला।
गुज़ारे के साधन ने कब फैलाया लालच का यह साम्राज्य,
राजनीति के फ़ेरे में पड़ रह गया तितर बीतर हर राज्य।।

·

लगता है छांव देनेवाला, जीते लगाए माचिस की तीली,
इसके चक्कर में अच्छे रिश्ते तक बिगड़ गए खालीपीली।
दांव पर लग जाए मेहनत के अलावा पूरे ही जब खुराफ़ात,
पैसे कमाने की होड़ में परिवार तक से न होती मुलाक़ात।

.

प्यारे बेच दे कोई समय, तो कोई अपना कीमती वक़्त।
कोई बेचे जिस्म तो कोई वो पुश्तैनी घर बार का तख़्त।।
बिकने को कौड़ियों के दाम में कम्बख़्त हो गए वो तैयार,
शर्म न आती अब बुझती साँसो को भी बनाया व्यापार।।

.

पैसों की गर्मी में अच्छे अच्छों में दिख ही जाती है सनक,
मायने कहाँ रख पाता है इमान की ख़ूबसूरत सी खनक।
लूट ख़सोट के हथकंड़े बड़े ही काम में लाते हैं ये बेग़ैरत,
मन भरता नहीं हरी पत्ती के जलवों का चाहे दो हिदायत।

.

पैसों का शोर पूरे बाज़ार में इस कदर गूँजते करे तमाशा,
डर नाम की चीज़ बचती कहाँ चाहे सूखे जीव- बिपाशा।
पैसें हैं तो भरते जाओ पेट चाहे सोये कोई भी ग़रीब भूखा,
आंकलन क्या ही करेगें देश की अर्थव्यवस्था तक सूखा।।"

.

दुर्भाग्य यही रिश्तेदारी तक निभाते है देखकर बैंक-बैलेंस,
सम्मान के योग्य नहीं ग़र तड़कीले भड़कीले न पहने
लेसेस।
ज्ञान की बातें तो हो चुकी है ही आजकल बाते सब पुरानी,
गुनाह पे गुनाह करने से बाज़ नहीं बस कह दो ये
नादानी।।

.

सम्मान की क्या बात,प्यार मोहब्बत तक नहीं रही रुमानी,
अच्छी लाइफस्टाइल जो मुहहया कराए वही लगे रुहानी।
भावनाए तो कौड़ियों के भाव बिकते हैं जफ़ा के बाज़ार में,
आज तुम,कल कोई और आएगा ,तुम अकेले न कतार में।

.

धर्म,शिक्षा ,स्वास्थ , आख़िर कहाँ नहीं गूँजे इसका रुतबा,
कोई तरीक़ा न बदलेगा चाहे ज़ारी कर दो तुम अब फ़तवा।
पैसे से हम कर लेगें दुनिया को मुठ्ठी में सोच है
करिस्तानी,
आत्मग्लानी लुटिया डुबाएगी न समझे कोई ये परेशानी।।

.

ग़रीबों को भी न्याय पैसों के बग़ैर मिल कहाँ मिल पाते हैं,
कानून उनके लिए अँधा नहीं, जो रुपयों की वर्षा कराते
हैं।।
रातोंरात हो जाती सरकार का तख़्ता पलट करोड़ों के दम
पर,
न मायने रखता कोई दोस्ती ना ही कोई इमान के दमखम
पर।

.

हाय!!बाप-बेटा,भाई-भाई तक ना रह जाता एक दूजे का
सगा,
क़त्लेआम तक करने को अमादा मानो हर रिश्ते ने ही हो
ठगा।
संसार की वास्त्विकता वाकई रख देती है झंकझोर के
बेहाल,
बेड़ा गर्क़ में जाने लगे तब भी आत्मा जैसे सुन्न हो गयी
हो हर हाल।

.

शास्वत यही, जन्म हुआ तो जीने के लिए पैसे तो चाहिए,
गूँजती हो चाहे जितने ज़ोर से ,न रूहं बहरी होनी चाहिए।
इंसान हैं मत लगो अपने ही प्रजाति के विनाश में ज्ञात

रहे,
बन जाना वो ख़ुशबू जो बिन सिक्कों के भी पारिजात
रहे।।"

45. दुनिया झूठ की।।

"सतयुग और सत्यवचन का क्या ही दें हम उदाहरण।
है ज्ञान बाँटने को सब तैयार ,हो पाता चुनिंदो से वरण।।
बंदूक और बारूद भी विफल होकर बनाते हैं स्मारक।
चाशनी में डुबोयी अदाएँ, चखो तो सबसे बड़ी मारक।।

पूरा करना हो जब स्वार्थ जुटे सभी ही करने में मनुहार।
दुनिया आख़िर और है क्या देखो सजा पड़ा है बाज़ार।।
कौड़ियों के भाव बिकते हैं सब इमान बनने को सर्वेसर्वा।
मीठा ज़हर भरे जीवन धीरे धीरे कुरेदता हो कठफोड़वा।।

मेहनत से जब फल न मिले तो साबित करे उपाय जायज़।
साम दाम दंड भेद सब लगाए ,तिगड़म धमकाए कारज।।
सहज तरीक़ा यही सूझे,चाहे नियत को खड़ा करें कटघरे।
पकड़ न पाएँगे इनकी सफ़ेदी जिस हिसाब डालते हैं डेरे।।

झूठ की धारियाँ ओढ़कर रखते हैं सबसे ही सुंदर परिधान।
चमक दमक में खोना लाज़िम, चाहे दाव पर लगे
सम्मान।।
अपना उद्देश्य बस पूरा हो ,चढ़ाओ किसी की भी तुम
बली।
चोट पर चोट करते गए अंजाम कि चिंता कभी न खली।।

मुखौटा पहन रखा है, दोहरी ज़िंदगी जीने में हुए उस्ताद।
इंसानियत छिन्न भिन्न हो रही कपटी के बढ़ते गये
तादाद।।
दुनिया बन चुकी है महज़ रिश्तों की चोखी करारी सी मार।
सपने, उम्मीद, कोशिश,साहस सब हो जाता है ज़ार ज़ार।।

काँच बिकता है हीरा बनकर, उस दुनिया के हुए हम भाग।
पुरानी चीज नये पैकेट में डालकर चलाते धंधे का ये
झाग।।
समझकर भी कई दफ़ा बन जाना पड़ता है बेवजह नादान।
व्यापार है सिर्फ़ करते रहो ,ढकोसलों का आदान- प्रदान।।

देश की नींव भी जिन क़समों वादों तक को दे रही है
हिला।
सत्ताधारिओं की भूख कभी मिटी नहीं चाहे हिलाएं टिला।।
कनख़जूरा बनकर धीरे धीरे रक्तहीन कर देतें हैं ये समाज।
ज़िंदा दिखते तो सब हैं मगर ज़मीर गंवाकर पहनते ताज।।

गलतियाँ कहो या होशियारियाँ छप जाती बनकर अख़बार।
हिम्मत पस्त,मन धराशाई बन करते जाती वार पर ज़ार।।
रहस्यमयी बनकर रह गयी ,आख़िर भेद कौन सुलझाएगा।
भला मक्कारों से भरी दुनिया से ,निजाद कौन दिलाएगा।।

परिवेश बाहर का सब चंगा,अंदर सब हुआ पड़ा है घोटाला।
रहनुमा भी छोड़कर चले जाते जब हक़ीकत से पड़े पाला।।
किसे सच्चा कहें किसे झूठा सब हुए चले सब मौकापरस्त।

जूझते, भिड़ते,परखते साथ ही होगा जीवन का सूर्यअस्त।।

संकट के बादल मंडराए वक़्त ही बदलेगा कहना मुश्किल।
सब्र का बांध भी टूटने लगता जब झूठ ही रहेगा शामिल।।
हो रही झूठों की तारीफ़ हरसू सच्चाई का बन रहा मजाक़।
दिखावे में बेड़ा कैसे पार लगेगा सब में मिल रहा ख़ाक।।

जहान में देखो झूठों को ही नसीब हो रही दम कामयाबी।
नुकसान और सच्चाई की घनिष्ट मित्रता हो चली नवाबी।
बरसाने लगे हैं लोग बातें मुँहजुबानी जैसे चलाते हो तीर।
ख़ुद को सच्चा साबित करने को माफ़ी लेने जाते हैं पीर।।

मारे मारे फिर रहे हैं पानी से भी सस्ता हो चला है इमान।
चमड़ी बेचकर भी सुख नहीं आखिर पहुँचना है शमशान।
कितनी बार करेगा इन हौसलों को नेस्तानाबूद ये इंसान।
दुनिया झूठ की खड़ी जिस नींव पर वो बिखरेगा ही जान।।

उपयुक्त होगा की याद रहे चार कंधो पर ही है हमें जाना।
फूलों की बारिश तब भी होगी संग बहेगें झूठे आँसू माना।।
युग चाहे कोई हो ,हिसाब लगेगा कर्मों का सामने होगें
ईश।
हे प्रभु!! हमें शक्ति देना कि झूठी न होने दें ख़ुद
परवरिश।।"

46. कभी बेड़ियाँ कभी घुंघरू।।

"आश्रय चाहकर गंतव्य में चलती जा रही हूँ।
निर्धारित पथ पर निरंतर मैं ढलती जा रही हूँ।।

.

योग्यता कुछ और रही जीवन में,जी क्या रही,
परिस्तिथिओं से हथेली मैं मलती जा रही हूँ।।

.

कदम बढ़ाना चाहूँ भी तो किस ओर बंध गई,
चाहकर भी तोड़ न पाऊँ उबलती जा रही हूँ।।

.

जीवन के दो पहलू,कुछ रियायत तम्सत मिले,
रौशन करने की चाहत में यूँ जलती जा रही हूँ।।

.

स्वयं का जीवन रहता नहीं साँसे दूजों के लिए,
ख़्वाहिशों को अपने ही मैं मसलती जा रही हूँ।।

.

थिरकना चाहूँ खुलकर नभ के नीचे अपनी धुन में,
कथित मर्यादा लांघते,मिट्टी में मिलती जा रही हूँ।।

.

कभी बेड़ियाँ कभी घुंघरू बाँधकर ये चक्रव्यूह ग्रह,
अभिमन्यू बनना चाहती नहीं यूँ ढ़लती जा रही हूँ।।

.

तलातुम उठे गहरे सागर में शायद मिठास मिल जाए,
उस बहाव में फिर खारे में मीठे सी घुलती जा रही हूँ।।

.

दिखता भले ही उपरी तौर पर खुशहाल सा "सैयाही",
साँसो की हिफ़ाज़त करते सीने को मलती जा रही हूँ।।

47. दिल्लगी

"ज़िंदगी से हमने वो दोस्ती कर ली।
कुछ ऐसे दोस्तों से दिल्लगी कर ली।
.

नाम तो लिया था तारीफ़ में आपके
समझ से परे आफ़त खड़ी कर ली।
.

समाए नहीं समाता यूँ उनकी चाहत,
ख़ामोशी की वक़ालत बड़ी कर ली।
.

अश्क का दरिया उतर आया मुझ में,
हर महफ़िल में आँखे नमी कर ली।
.

उनको समझने में ज़रा चूक क्या हुई,
मोहब्बत उनसे बस बेरहमी कर ली।
.

बंद जुबाँ थी नज़रों ने समझा जरूर,
शिद्दत से चाहकर तेरी कमी कर ली।
.

मलाल रहेगा ताल्लुकात का ताउम्र,
राज बताकर बर्बाद ज़िंदगी कर ली।"

48. दस्तूर

"रहती कहाँ है ज़िंदगी एक सी,हो सके तो ज़रूर समझना,
आएँगे कई मौसम राह के मोड़ पर तब ये दस्तूर
समझना।।

.

हमें चलना है कदम से कदम मिलाकर इल्म हैं ना
साथिया,
इज़ाजत हो तो बन जाऊँ ग़म की राज़दार ना दूर
समझना।

.

सुबह-ओ-शब तुम्हारी बीते मेरी जुल्फ़ों की छांव में काश!
चाहत पूरी हो ग़र तो समाहित हो जाऊँ संग चूर समझना।

.

मोल नहीं मेरा तुम से भिन्न, इतना क़ीमती बना दिया है
मुझे,
रुख़सार खिलखिल जाए मानो हो चली मैं कोहिनूर
समझना।

.

हिचकिचाहटें सारी कल की बात हो चली ऐसे डूब जाते हैं,
इज़ाजत हो तो रम जाऊँ, अपने मुस्कियों का नूर
समझना।

.

कि तुम से ही है सुकूँ मुक़म्मल रटती चलती है "सैयाही",
होगें हम भी अख़बार जल्दी,मोहब्बत में मशहूर समझना।।"

49. दरबार वफ़ा का

"कदम बढ़े मंज़िल की ओर ....
तब अपने तारों को निहान कीजिए।
बीच उलझने मिलेगी जरूर ,
उन सुलगते धुँए के नज़ारों को ज़ियान कीजिए।।"

.

पिंदार-ए-मोहब्बत को रखना....
सिर आँखो पर ,बेवजह न उलझना,
दर्द-ओ-ग़म सहते अँधेरा छाए,
हर गली, सारे चौबारों को ज़िया-फ़िशान कीजिए।।

.

रहे सलामत ज़िंदगी ए-परवरदिगार,
ताब्रिदा हो जाऊँ कभी दूसरों के लिए भी,
हारकर थमना नहीं है मुझे किसी हाल.....
गुलों पर तितलियों सा बहारों का धियान कीजिए।।

.

लज़्ज़त-ए-गिर्या जब महसूस होने लगे,
समझना अब भी वज़ह है साँसो के चलने की,
कोह-ए-निदा से भी चीख सुनाई देगी......
बशारत हासिल करने को हज़ारों का बखान कीजिए।।

.

इस मतलबी दुनिया में फ़रेबियों की
फेरहिस्त बेतरतीब होती जाए,आप करें गुरेज़,

जफ़ा का बोलबाला सिलसिलेवार होता जाए....
ताबेदार बन इंसानियत के सहारों का जहान कीजिए।

·

तिज़ारत में जहाँ लग गया हो हर नाता....
कहाँ जाकर थमेगा मौला ही मालिक़ है,
हौसला-ए-पस्त और इरादे नेस्तानाबूद होने लगे.....
अरबाब-ए-हिम्मत बनकर सहारों का आसमाँ कीजिए।।

·

चाहत कभी फ़ानी नहीं हो सकती.....
जिसने किया वो इंसा कैसे ही कहलाएगा,
कर गरेबाँ को ख़ुद हौसला-ए-बुलंद का लश्कर....
जुर्रत कर अब हसरतों के बयारों को मेहमान कीजिए।।

·

प्यार, मोहब्बत, वफ़ा मानो.....
कल की बात हो चली है इस ज़ीस्त में,
क़त्ल गहें बनने लगे हैं हर रूह बिलख रही
दर-ब-दर ज़िंदा लाश होने के पहले उन पुकारों का मकान
कीजिए।।

·

क़ौल-ओ-करार की धज्जियाँ उड़ रही......
तर्ज़-ए-जफ़ा समझाए यही वक़्त का तकाज़ा है,
चश्म-ए-करम देखना ही बंद होने जो लगा है.....
तलबगार को आँखो पर बिठाकर ,ख़ारों को ढ़लान कीजिए।।

·

लायक-ए-ताज़ीर क्या ही वफ़ा निभाएँगे.....
मुनासिब क्या है जब जानहीर ख़ुदा समझने लगे,
खुश-मिज़ाजी से जीने की तलब बाक़ी है,

इश़्क से लबरेज आप जाँ- निसारों को जवान कीजिए।।

.

दरबार वफ़ा का लगाकर ज़ीस्त गुज़ारने........
की ख़्वाहिश रखते हैं धोखाघड़ी के खामयाने में,
हर रिश्ते में शमन को बचाने के लिए अब साहिब.....
रब के आगे रूबरू अपने करारों को निशान कीजिए।।

.

क्या ही पा लेंगे अपनो का दिल दु:खाकर....
इब ज़ार-ज़ार हो ही जाएँगे ठंडी राख की तरह,
बे-इख़्तयार होकर रस्ते में ही दम टूटेगा,
ख़ाक होने के पहले यारों को जुबान कीजिए।।

.

चाँद ,ईद का आएगा किसी रोज़ दहलीज़ पर....
औकात भर नेक़ी दिल से अदा कीजिए,
मुसलसल जिंदगी भी खुशगंवार हो जाएगी......
आदत ,विचार और मन से वक़्त के कारों को पाक़ रमज़ान
कीजिए।।"

50. कदमों के निशान।

संग साथ चल रहें , रच रहे हैं मोहब्बत की दास्तान,
धंसती किनारों पर भी सजते हैं कदमों के निशान।

.

हाथों में तेरा हाथ हो, सम्पूर्ण हो जिदंगी का एहतशाम,
अपनी मुलाकातों से सनम ,सिंदूरी लगती है हर शाम।

.

वक़्त की फिसलते रेत पर ,आगे न पीछे, साथ उठाएँ
कदम,
लहरे चाहें मिटाना ,मंज़िलों पर साथ पहुँच कर ही लेना है
दम।

.

धूप में चलकर पड़ता है तपना, तब रिश्ता बनता है कुंदन,
साया बनकर चले, तभी संवरेगा रंगरूप से हमारा ये
जीवन।

51. गुरू बिना ज्ञान नहीं।

अज्ञानता पे दीपक जलाकर अंधेरा मिटाता,
गुरू बिना ज्ञान नहीं, ज्ञान अधूरा ही कहलाता।
गुरु द्रोण की इक माटी की मूरत ने एकलव्य
को धुरंधर तीरअंदाज बना दिया,थी प्रबलता।
तरकस के तीरों ने श्वान का मुख बंद कर किया।

गुरु संदीपनी के ज्ञान अमृत को कृष्ण ने कंठ से लगा
लिया,
यही ज्ञान को भगवत गीता द्वारा सारे जग में फैला दिया,
गुरू के ज्ञान का जीवन में दूसरा कोई पर्याय नहीं,
मार्गदर्शक वो ऐसा की कोयले को भी हीरा बना देता है।
गुरू के सान्निध्य में आकर पत्थर भी पारस हो जाता है

52. करम कर दो

"अब तुम यूँ ही बस मुझपे इतना सा करम कर दो।
अपने साथ की यादों को ताउम्र के लिए नरम कर दो।।
रूकना उचित नहीं जहाँ से हँसी हो जाए नदारद,
पिंड छुड़ाना चाह ही रहे हो तो यही इक मरहम कर दो।।"

.

"धीमी पड़ रही है
क़लम की रफ़्तार मेरी....
जैसे शब्दों और एहसासों
के तालमेल को नज़र लग गई हो.....
लिखती रही दिन रात जिसे
ब नज़रअंदाज.....
करने में माहिर हो चला है,
लगता है निर्जीव सी हो रही हूँ....
कभी कभी लगता है तोड़ दूँ नोक.....
तमन्ना-ए-दिल से
किसी की मुझे कहर लग गई हो!!"

.

जैसे अमास्या तलाशती है मौका
नभ में चमकने की आस जुन्हाई में

.

"स्याह रात में नागिन बनकर धीरे धीरे डस रही है
जुन्हाई।

घुल गया है ज़हर मन में आज यूँ गले लगा रही है
तन्हाई।।
ग़म इस तरह भर गया है धमनियों में मुस्कुराने से डर
लगे,
ऐलान कर दो मर गया है कोई, करनी है शैय्या पर
विदाई।।"

53. आएगा कोई खिज़ाँ से चलकर बहार में

"आएगा कोई चल के खिज़ाँ से बहार में।
पल पल रस्ता तक रही उनके इंतज़ार में।।

.

गूँजती है आवाज़ सुबह-ओ-शब उनकी,
धुँआ हो रहे हैं जज़्बात-ए-दिल बयार में ।

.

सूखे पत्तों सा टपक रहें हैं अश्क इल्म नहीं
बस ख़ामोशी ही मिली सौगात इज़हार में ।

.

जुड़े थे ऐसे कुछ तार कि दिन कम पड़ जाए,
चुभ रहें लफ़्ज हमारे गुल बदल गये खार में ।

.

दुनिया में इक आस पर कट रही साँसे अब,
मोहब्बत का वास्ता यूँ देना नहीं इख़्तियार में ।

.

बारिश की सारी उम्मीद ही छोड बैठे हैं हम,
ज़िंदगी फँस चुकी है मानो मेरी रेग-ज़ार में ।

.

कि अब कहो तो जीना ही छोड़ दे "सैयाही"
मंज़ूर न जीना,ख़ैरात से रिश्तों के कतार में।।"

54. फ़रियाद दिल की।।

"ख़ुदा की इबादत में हम तुम्हें याद करते हैं,
ज़िंदगी के हर पहलू को हर्फ़ शाद करते हैं।

·

लाला-रू जो दिल में बस गया है मेरे नसीब,
रस्म रिवाज से परे ख़ैरियत आज़ाद करते हैं।

·

आपके सितम ने दी मेरी वफ़ा को शोहरत,
जो न आए ज़िंदगानी की मिआ'द करते हैं।

·

फ़रियाद दिल की करे तेरे दिल को पुकार,
रश्क-ए-बहार बन आहें सुन बाद करते हैं।

·

हिज्र न आए की रो-रो कर की है फ़रियाद,
बेगैरत नहीं ये दुआओं से आबाद करते हैं।

·

शरर-ए-गर्म मोहब्बत में जलकर ही भुन रहे,
रोक नामुमकिन,चश्म पानी फरहाद करते हैं।

·

बता कैसे सहें तेरे बे-दाद की करामात साहेब,
तन्हाईयों से ख़ुद हाल-ए-दिल रूदाद करते हैं।

·

पस-ए-दीवार पे जो गये दिल-ए-दास्ताँ बताने,
मिले इक तेरी चाहत बारहां पूरी मुराद करते हैं।

कि "सैयाही" कैसे सुनाए अपने अश्कों की सदा,
एक तेरे भरोसे हम रिश्ते की बुनियाद करते हैं।।"

55. "रश्मि"(पर आधारित) शीर्षक-"रश्मि"

"चुभते ही तेरा अरुण बान!
सुनते सन सन से कूट कूट,
ओस सजी संग नमी पर पान।

.

भोर सजी रश्मियों से साकार,
होता मन भावविभोर पयस्विनी मार्ग,
बुलबुला से कलकल बहते लगातार।
उसमें तंरगित वाणी जाग,
पछियों के कलरव की अभिन्न राग,
रचती विद्रूम का मृदंग नाद
जो आकाश मंडल तक रेखा खींचती
मिट रही है हर बहरी-म्लान।।

.

नव भाग्यश्री से कुसुमाग्रज प्योधर-पुंज
छा-गए संतरगी चादर सीना तान,
गुंचा-गुंचा खिल रहा चटक ताल,
हिमाद्री तक शून्य बिंदू नचाती द्रव्य श्वास,
मिटा रहा कुंदनयुक्त अंधेरी काली रात,
दुहराते निशामूक तब मिशी तंरगात।।

.

स्नेहिल जुन्हाई जब स्याह सी मंत्रजाल
भ्रमरती शीतल झोंके की रानियाँ सवार
गरमाती केसर में जो घूंट-घूंट
रंगीन पंखबंधु के सृजनकुमार।
झझर का मंत्रमुग्ध सुर-ताल छेड़,
देते हैं आम्र पल्लव पहचान।।

.

पसार अपने कुटुंब स्वप्न के पर
पहुँचने को है तंद्रा-सुप्ति क्षितिज रेख पार
अधखुले दीदों के केंद्र कोष,
पर छाया स्वीकृति का मुदित मन,
संजोया है हृदय में नयन नीर सुहास,
यह चतुर चतेरा सुधि विहान!!

56. प्रकृति

"कुदरत का दिया यह तो बस सबसे ख़ूबसूरत उपहार है,
प्रकृति के सौंदर्य से सजा हुआ अब यह सारा ही संसार हैं।
रंग-बिरंगी ख़ुशबू से महके समस्त ख़ुशबू मंलग बहार है,
सुरमयी पर्णों से सुसज्जित हर चौपाल हर घर द्वार है।।

.

"बारिश की बूँदे जब भी धरती को भीग-भीगकर चूमती है,
उस वक़्त सारी सृष्टी दुनिया में खिल खिलकर ही झूमती
है।
इन्द्रधनुषी फ़िज़ाओं में यथार्थ वो पींगे बनाकर झूलती हैं,
मानव और मन के मिज़ाज दोनो को ही परिपूर्ण करती
है।"

.

चंचल नदियाँ लरजती है अपना परिषकृत आँचल फैलाये,
काले केशों सा बादल भी बदरी बन काली घटा को सजाये।
हरे भरे वृक्ष रहे श्रृंगारित धानी ,पहनकर ही साड़ी हरियाली,
पौधे और वनस्पतियाँ प्रचार सदा करते हैं पूर्ण खुशहाली।।

.

"भोर की लालिमा से मन चमकाता है बादल से अदलियाँ,
मानो प्रिय ने सजाई हो माथे पर अपनी चमकती बिंदिया।।
नदियाँ किनारों में न कभी समाए बस वो बहती ही जाती
है,
धाराओं संग शोर शराबा लिए गीत सदा ही बस

गुनगुनाती।।

"मस्त मलंग होते जब माँ स्वरूप निरपेक्ष सर्वस्व लुटाती है,
चुरगुन-चुरगुन अपने लहजें में प्रकृति धुन सदैव बजाती है।
प्रकृति के इतने अद्भुत सौंदर्य का बखान बेहद अतुलनीय है,
जीवनदायिनी के संरक्षण हेतु कोशिश को जीवंत समाती है।

57. सिर झुका लेगें

"दिल में बसे सनम कि नमाज़ पे सिर झुका लेगें,
आँखो में हया लिए चश्म -ए-मय सा लुका लेगें..

.

अहद में क्या ज़िक्र करें बिखरती रौशनी बनकर,
अलम लगे तुम बिन ,तमाम ज़ीस्त में रुका लेगें..

.

खैरियत पूछते हम हर सहरा जाकर देख निशां,
सबा से महकती खुशबू को ही बना शिज़ुका लेगें..

.

गुल-ए-तर होकर मुस्कुराती रहो तुम शबनम सी,
चश्म-ए-अंजाम-ए-बी को शोखियों में तुका लेगें..

.

फिर तो शौक़-ए-शोक़ी में रंग-ए-एहतराम आए,
बाँटते हर अश्क को पहलू में आकर बुका लेगें..

.

कदम दर कदम इश्क़ में जीने का लुत्फ उठाएंगे,
साहब पास-ए-अदब,बोसा-ए-राहत बेतुका लेगें..

.

ख़्वाब-ए-सफ़र में देख,'सैयाही' हो रही वारफ़्ता,
फ़लक भी खिले ,फ़ना होकर किश्त चुका लेगें।।

58. जुबाँ शाइस्ता रखिएगा।।

"गुलिस्तां-ए-रौनक हमारे दिल का वितस्ता रखियेगा।
मोहब्बत में लौ बुझने न पाए नक्षत्र हस्ता रखियेगा।।
दरीक़ सा है दिल मेरा,इत्मिनान आप भी पाए जानां,
ज़ीस्त में ख़्वाहिश- ओ- उम्मीदों का रस्ता रखियेगा।

.

कभी जो ज़हन में कमबख़्त आए,गिले शिकवे दरमियाँ,
मना सकूँ आपको ,अपनी ये मुसकुराहटें सस्ता रखियेगा।
ख़ुदा की रहमत रही हम पर, इक दूजे के हुए हम सनम,
शामिल हो रहे ज़िंदगी में , ज़रा कदम आहिस्ता रखियेगा।

.

मिज़ाज बदले तो ठीक,नीयत में बदलाव यूँ लाज़मी नहीं,
प्रीत के हर मौसम में ही मोहब्बत को बिकस्ता रखियेगा।
चाहतों के सिलसिले में कल अगर आए जो कभी दरार,
नाराज़गी मिटाकर सीने से लगाना याद बाबस्ता रखियेगा।

.

अंतरात्मा को छूती , दरमियाँ रहे मन्नतों की ताबीज
हमारे,
उन्हें पूजकर धारण करवाएगें,जान में ये प्रशास्ता रखियेगा।
सौंप दिया एक-दूजे के हवाले जब अपनी हर साँस माहिया,
रूठने मनाने के यह ज़ज़्बात , "जुबाँ को शाइस्ता"

रखियेगा।

.

मुक्कमल हो एक दूजे में ज़ौक-ए-परिस्तिश कतरा कतरा,
जाँ-ब-लब होने जो लगे हैं , रज़ामंदी सदा चौरस्ता
रखियेगा।
ख़ूबसूरती से परिस्तिश-ए-मोहब्बत-ओ-वफ़ाओं में रहें
बिसात,
प्रेमधार रस से सजे, अहम -ओ- रंजिशों को तरसता
रखियेगा।

.

कि...दो ज़िस्म, दो जान ,दो रूह सराबोर हुए मुक्कमल
सुकूँ में "सैयाही",
अब्र ता उम्र का अब अपने मोहब्बत का मुझपर बरसता
रखियेगा ।।"

59. ||मर्दानगी क्या ऐसे साबित होगी??|| (वैवाहिक बलात्कार-अनुज्ञप्ति किसने दिया??)

सखी

पथरा गई आँखे , निरंतर शून्य को झाँकें,

दर्पण भी गूंगा बहरा होकर खड़ा है मौन,

रात कट गई ,भोर भई तब पूछे यह मुझसे,

ओ सखी!! बता तू ......है कौन?

दर्पण

बता ,कहीं तू वह तो नहीं जो लगाती थी कजरा स्वप्नों का,

तू वो तो नहीं जो होंठ पर लगाती थी लाली,

कभी जिसके सुरों में बजता था धुन और साज़,

कभी चढ़ता था गालों पर रंग यौवन का

क्या तू वही है या फिर कोई और....

ओ सखी!! बता तू ......है कौन?

**

तू वह तो नहीं ....माथे पर जिसके सिंदूर का तेज सजता था,

रंग बिरंगी साड़ियों की महफ़िल से
जिसका देह-आँगन खिलता था
तू वह तो नहीं, फिर
ओ सखी!! बता तू ......है कौन?

**

तू वह तो नहीं
चहचहाट से जिसकी हर कोना गूँजता था,
छम-छम थिरकती पायल से
जिसकी धुन में ये घरौंदा झूमता था
तू वह तो नहीं, फिर
है सखी, तू कौन?
क्यों खड़ी है यूँ तू मौन?
बतला ऐ सखी! तू कौन?

.

सखी
बतलाऊँ मैं क्या तुझे,
क्या नहीं तुझे ज्ञात है
दर्पण! मेरे हश्र का
तू ही तो साक्षात है।

**

सुन कैसे कहूँ ,अम्बर में चढ़ा स्याह रंग जब जब
भयावह आहों ने दी मुझमें दस्तक तब तब
हैवानियत रेंगी हर रात मुझ पर
आत्म सम्मान के उतरे वस्त्र तब तब।
हसरत, तमन्ना, मन, चाह सब ही रहे उसके
मेरे हिस्से आया भी तो क्या
लाचारी, विवशता, मौन

क्या बताऊँ तुझे ऐ दर्पण
कि आखिर हूँ मैं कौन!

**

खुद अनजान हूँ अपनी पहचान से
याद करूँ भी तो पीर उठती है
हर सांस मेरी अब तो
इस घर की हवा में घुटती है।
क्या ख़ूब उसने मेरे
सौंदर्य पर ग्रहण लगाया है
कंपकपाती है रूह मेरी
करीब जब जब वह आया है।
किसको करूँ पुकार अब
है कौन नहीं यहाँ मौन
क्या बताऊँ तुझे ऐ दर्पण
कि आखिर हूँ मैं कौन!

**

किसे दोषी ठहराऊँ मैं
गुनहगार यह सारा समाज है
जहाँ "बीता हुआ कल"
अब भी इसका "आज" है
निर्लज्ज है कानून, निर्लज्ज सरकार है
अंधे बन देख रहे जो
नारी का तिरस्कार है
बिके हों ज़मीर जिनके
भला क्यों तोड़ें वो मौन
क्या बताऊँ तुझे ऐ दर्पण
कि आखिर हूँ मैं कौन!

**

मगर अब मैं विदा लेती हूँ
मेरी हर श्वास बोझिल है तन पे
हसरत जो एक कातिल है मन पे
कि अब तो प्राण हर जाओ
हे यमराज, चले आओ! चले आओ!

**

मेरी साँसों को स्वतंत्र करो मेरे जिस्म से
करो आज़ाद मेरे जिस्म को उसकी जकड़न से
धिक्कार है, धिक्कार है
ऐसे पवित्र विवाह के बंधन को
जिसमें "अनुमति" का नहीं कोई द्वार है
करो आज़ाद मेरी बाज़ुओं पर बोझिल
उसकी मर्दानगी के हथकंडे
करो आज़ाद उन गहरे गढ़े नाख़ूनों को
नोचा है जिन्होंने मास मेरा
करो आज़ाद मेरे गालों पर चढ़ी
उसकी सख्ती की लाली को
करो आज़ाद हे नाथ! करो आज़ाद!

60. खुशियों कि सौगात

"मुश्किलों से भरी हुई ज़िन्दगानी ,समझते तो हैं सभी ये बात।
इंतज़ार सबको रहता, काश!! मिल जाए ख़ुशियों की सौगात"।

.

कृतज्ञ रहें संतान वहाँ जब पाई-पाई सजोड़े पिता यहाँ दिन रात,
एक मुस्कुराहट पे कवच धारण कर तैयार, देने हर डर को मात।।

.

माँ उठा लेती हर नाज़ो नखरे सहकर अपने औलाद के सारे पीर,
उसके सिवा भला सम्पूर्ण ब्रह्मांड में किसकी होगी ऐसी तासीर।।

.

न कर इंतज़ार किसी बड़ी खबर का जो दिलाएगी तुझे खुशियाँ,
सहेज हर एक लम्हा लाए चेहरे पर ,जो खिला देती है रानाईयाँ।।

.

अनुभूति कर, कि तू है अब "शाश्वत" जिसे मिला है अभेद्य वरदान,

कौतुहल न मचा प्यारे ,बस शुभचिंतकों का करते रहना गुणगान।।

.

जीवनसाथी करता ही है तुझपर स्वयं समर्पित फूल-सा मकरंद ,
परिवार ही है खुशियों की सौगात जिनसे रचे हम प्रेम का छंद।।

61. सायुज्य।

रमभूमि में जब भीषण समर में शंखनाद हुआ,
अब कोई न विकल्प ,अर्जुन को भी ज्ञात हुआ।
परख रहे मन जब इनमें से कोई शत्रु ही नहीं,
तब सभी हुए ना स्वजन हमारे युक्ती ही नहीं।।
नहीं उठा पा रहा देख जिन्हें हाथ थर थर कांपे,
वो कंपन रहता छोड़े गाण्डीव जा धरा को थामें।

.

अर्जुन उठकर हाथ जोड़ पार्थ बोले, हे "माधव",
कचोटती अंतर्मन पाप ये कैसा कर बैठे पाण्डव।
न चाहते हुए भी भेद जब इन्हें पूरा यूँ शर जाएंगे
नाश करने वाले ही हृदय हमारे भी रक्त बहाएंगे ।।
नियती ने प्रबलता कि भाई पर भाई घात लगाएंगे,
अश्रुपूर्णित हो चले कुलनाशक अब हम कहलाएंगे।

.

श्री हरि ने अब अर्जुन समक्ष रूप ये विकराल किया,
स्वयं से मिलाप और सब कुछ जैसे दिक्काल किया।।
तू समझ सब में मैं व्यापत हूँ ,बोले देख सभी में मैं हूँ,
भ्रम नहीं ऐसे गाण्डीव में, तेरे हर इक बाण में मैं हूँ।।
सायुज्य तुझमें मैं सर्वस्व जग का पालनहारा भी मैं हूँ,
कमियाँ सब में रहे है ,,करता इसका संहार भी मैं हूँ।।

.

फिर किस बात का भय है या है तुझे अब यह ग्लानि,
कहीं न कहीं रोकना हो चला है जरूरी यह नादानी।।
उचित प्रधान आश्रय का सहारा ले समाज में हर कोई।
अपने कर्तव्य को सर्वोपरि रख हमें ढालना है यही।।
हम ठहरे सिर्फ इंसाँ ही ईश्वर तक आश्रय में रहता है,
जीए धर्म का प्रेमी ही उपदेशक सुन आचरण करता है।

ज्ञान है आख्यानों की पवित्रता ही धर्म की वृद्धि करता है,
धर्म का श्रवण ही ब्राह्मणड के प्रलय तक जीवित रहता है।
भक्ति का वक्ता और भक्ति में श्रोता जो ही सुनता कहता
है,
वो यकीनन अपने ईश्वर के सायुज्य को ही प्राप्त करता
है।
और वह मित्र ,प्राणी और शत्रुओं में समान द्रष्टि जो रखता
है,
अहिंसा, सत्य, सरलता के व्रत से सायुज्य प्राप्त करता है।।

62. पूस की रात

गुम हो चली थी वह पूरी काली पूस की रात,
धमनियाँ कर रही थी मेरे कांपते हुए हालात।।
और चहुँओर थे बस ओस के वो बादल छाये।
भयभीत जैसे सम्मुख ही मेरे कालासुर आये।।

.

दिखता है नभ में तारे भी तो थे इसके शिकार,
सन्नाटा सा था छाया ,पूरा न हो कोई आकार।
सफेद चमक कण-कण में अपने ही थे खोये,
पेड़ पर पत्ते थे सारे ,अद्भुत ओस से भिगोये।।

.

झकझोर रहे थे मुझे सर्द पवन से ऐसे झोंके।
बदन में कम्पन्न सी थी मची आख़िर कैसे रोके।।
हवा ऐसी चली कि काया का रक्त सारा जम गया,
फिर भी दैत्यरुपी जाड़ा न छोड़ने को तैयार हुआ ।।

.

हर गली हर पथ पर थे पत्ते कुछ ऐसे बिखरे हुए,
जैसे जीने की जद्दोजहद में उन्होंने दम तोड दिए।।
रहा ऐसा प्रचंड प्रकोप उस पिशाची सर्द बयार में,
चाहे जितने आग जलाओ कम पड़े हर कगार में।।

.

पत्तों की सर-सर सी आवाज़ में काली पूस की रात,
घनघोर काला अँधेरा छाया, हड्डी जमाए धुएं कि बात।।

पत्तों पर चले तीव्र प्रहार और सुद्ध-बुद्ध से ये प्रकृति,
टप-टप ओस पेड़ों से गिरती जैसे हो आँसू हो टपकती।

मैं बढ़ चली अपने पथ पर ,ओढ़ बर्फ सा वो दुशाला,
घेरे है मुझको, मैं हुई शिकार वो ओस,धुंध और पाला।
व्याख्यानवित इस हिस्से को करती है सारी कायनात ,
आज तक भूले नहीं वो घनघोर काली पूस की रात।।